構成的グループエンカウンター研究

SGEが個人の成長におよぼす影響

片野智治
Chiharu Katano

図書文化

本書の刊行に寄せる言葉

東京成徳大学大学院博士課程教授・人文学部長
國 分 康 孝 Ph.D
（カウンセリング・サイコロジスト）

　伝統的なカウンセリングは，面接法を主軸とするものであった。しかし，カウンセリングの主たる対象が健常者になるにつれ，予防開発志向のプログラム展開を主軸とするグループ・アプローチが興隆してきた。その典型例が構成的グループエンカウンター（SGE：Structured Group Encounter）である。

　構成的グループエンカウンターの研究は，1974年頃からのアクション・リサーチから始まったが，当時はエクササイズ（課題）の開発と精選を主とするものであった。その後，1980年代から1990年代にかけては，SGEの効果とその条件（期間，リーダーの熟練度，性別，役割分担，ルームメイトの組み合わせなど）の実証的研究が盛になってきた。しかし，これらの研究には限界があった。

　すなわち，次の3点については解明がなされていなかった。

① 　SGEによってグループ内にどのような変化が生じたがゆえに，効果（例：自尊感情の向上）があったのか。

② 　SGEによって参加メンバーの個体内にどのような変化が生じたがゆえに，効果（例：友人の輪の広がり）があったのか。

③ 　SGEのエクササイズにどのような機能があるがゆえに，効果（例：自己開示の促進）があったのか。

以上の3点を，本書は解明するものである。
　すなわち，SGE研究を従来の研究パターンから脱却させたところに，片野の業績がある。そしてこの研究は，博士の学位に値すると，東京成徳大学大学院心理学研究科博士課程のファカルティは評価した。主査は研究科長の杉原一昭教授（教育学博士），副査は市村操一教授（教育学博士）と私であった。
　従来のSGE研究の限界を，片野は3つの研究で乗り越えた。
　【研究1】では，グループ内の変化を，①自己開示と②被受容感をキー・コンセプトとする「SGEグループ過程尺度」を作成して測定した。役割関係志向よりもパーソナル・リレーション志向の枠組みを用いたグループ研究に特色がある。
　【研究2】では，①自己開示，②自己主張，③自己認知をキー・コンセプトとする「SGE個人過程尺度」を作成し，個体内の変化を3局面からとらえたところに，本研究の独自性がうかがえる。
　【研究3】では，エクササイズにワンネス志向（自他一体感），ウィネス志向（仲間意識），アイネス志向（個の自覚）の3種類があることを検証した。これは，プログラムは年齢別だけでなく，目的別にも構成するべきことを示唆したことに意義がある。
　以上を要約する。人間性回復運動として普及してきたエンカウンター・ムーブメントは，実存主義志向の開発的カウンセリングの一つの形態である。本来，測定になじみにくい実存主義的・現象学的事象に実証的根拠を与えることによって，構成的グループエンカウンターの理論構築を試みたところに本研究の価値がある。

まえがき

　私が初めて構成的グループエンカウンターを体験したのは，1970年代末であった。1980年に武南高等学校にカウンセリング・ルームが開設され，同室の活動の一環として宿泊を伴ったエンカウンターを開始した。しばらくして，埼玉県内の教育相談担当の諸先生とともに，これを発展させた。

　これを機縁に，エンカウンターに関するリサーチを試みた。はじめは効果研究が主であったが，やがて体験過程の研究に移行した。

　本論文におさめた研究は，國分康孝先生を中心とする研究グループによる五十あまりのアクション・リサーチの土壌から芽吹き，育ったものである。すなわち，プログラムと効果の研究，リーダーシップ研究，人間関係プロセス研究等である。その意味では，私の研究にはオリジナリティに乏しさがある。換言すれば，これまでのSGEの実践者が，それだけこの実践に真摯に向かいあっていたことを意味している。

　私はこの一連の先行研究の流れに沿いながらも，教育指導法としてのSGEの特質を取りあげようと試みた。現今のわが国の抱える諸問題を考察している過程で，そうすることが必要であると思えてきたのである。
「第1章　わが国における伝統的カウンセリングの問題点と構成的グループエンカウンター」の第1節で，私は「少子高齢化社会の諸問題と集団の育成」を実践的な心理学の見地から取りあげた。その理由は以下による。
①　本研究は「構成的グループエンカウンターが個人の成長に及ぼす影響」を明らかにするところに目的がある。何をもって個人の成長とするかを定義する際に，私は適応との関連でこれをとらえた。
②　人間の適応（内的適応・外的適応または個性化・社会化）は，人間が現

在形で生きる社会の抱える諸問題に影響を受ける。
③　少子高齢化社会における人間の適応を考えるとき，「ふれあい」集団（「心の居場所」）を複数もつことが必要であると考える。換言すれば，グループ状況での感情交流体験それ自体がいっそう必要になってきたといえるし，このような体験のできるグループの育成が求められているといえる。

では，グループ状況での感情交流体験ができる「ふれあい集団」とは，どのようなものであるか。次のような集団であると考える。
①　ホンネに気づけて，それを主張できる集団。
②　受容・被受容体験及び共感・被共感体験の機会に恵まれている集団。
③　愛情欲求・承認欲求の充足の機会が多い集団。
④　社会的比較の機会が多い集団。すなわち思考・感情・行動の模倣の対象が存在し，かつ自己盲点の気づき・発見の機会に恵まれている集団。
⑤　フラストレーション・トレランスが身につく集団。言い方を換えると，役割やルールがある集団。これらは現実原則そのものであり，これに従うには快楽原則を抑制せねばならない。

以上のような「ふれあい集団」をどのように育成するのか。その教育指導法が，構成的グループエンカウンターだと主張したい。

そのような思いから，本研究の結果・考察を踏まえ，「第7章　全体的考察」の「第2節　本研究の開発的カウンセリングへの示唆」において，「集団育成の教育技法」としての構成的グループエンカウンターについて言及している。

本書の出版にあたり，図書文化社・工藤展平社長のご厚情に感謝申し上げる次第である。また出版部の東　則孝・渡辺佐恵両氏には，本書の細部にわたって読みやすさの配慮をしていただいた。幸甚の至りである。

関係者の皆様に衷心より感謝申し上げます。ありがとうございました。

2006年初秋

片野智治

謝　辞

　本書は，2006年に東京成徳大学で博士号（心理学）を受けた学位論文「構成的グループエンカウンターが個人の成長に及ぼす影響」をまとめたものです。本論文は，東京成徳大学大学院の諸先生方と日本教育カウンセラー協会，及びSGE実践の仲間の支えによって成し得たものです。

　東京成徳大学大学院教授の杉原一昭先生には，本論文のデザイン，構成からはじまり，原稿に添削指導をしていただきました。先生の貴重な示唆のひとつとして，適性処遇交互作用のご指導と，ロシアの心理学者ヴィゴーツキーの文化・歴史的理論を記した書籍をご紹介いただきました。前者は変数を決定する際に助かりました。後者は内言と言葉と思考の三者の結びつきを明確にすることができ，行動変容のメカニズムを理解する一助になりました。

　研究科長である杉原先生には，体調を崩した私の中間論文発表会を延期するご配慮をいただきましたことも，感謝にたえません。

　同大学院教授の國分康孝先生は，私の中の構成的グループエンカウンター（SGE）の生みの親であり，育ての親であります。本研究に取り組む私のために，伴走者の役を快く引き受けてくださいました。SGEをライフワークにしている私にとっては，これにまさる導きはありませんでした。

　青森明の星短期大学客員教授の國分久子先生も，私の中のSGEの生みの親であり，育ての親であります。クラーク・ムスターカス先生のリレーションシップの3局面であるbeing-in, being-for, being-withの枠組みで，本論文の背骨を構築できたのも，久子先生のご指導のおかげです。

　今回，2泊3日のSGE体験ワークショップを4回実施しました。両先生は私のリーダーぶりについてスーパービジョンをしてくださいました。腕が

上がり，考えがまとまり，理論的根拠も明確になりました。

　東京成徳大学大学院教授の市村操一先生には，統計学をご指導いただき，忌憚のないご示唆・ご助言をいただきました。「片野君，これならいけそうだね」というお言葉に励まされました。先生は授業の中で，質的研究の意義をたびたび強調されましたが，本論文がそれに応えていないことは残念でなりません。

　特定非営利活動法人，日本教育カウンセラー協会事務局長の村主典英氏，事務局次長の楠元奈津子氏は，4回のワークショップをいつも側で見守ってくださいました。調査の実施についても，ひとかたならぬご協力をいただきました。

　武南高等学校教育相談主事，埼玉県立大学兼任講師の吉田隆江氏とは，1980年代から始めたSGE実践を共に歩いてまいりました。今回，私は4回のワークショップでリーダーを務めましたが，リーダーの自己盲点を補い，また補助自我としてサブ・リーダー役を務めてくださいました。

　都留文科大学大学院教授，河村茂雄氏には，論文の構図の不足部分について模索しているときに，貴重なご意見をいただきました。SGE研究の今後についても語り合いました。同大学院の相談室の武蔵由佳氏には，データ処理やデータ解析で多大なご協力をいただきました。

　神奈川県立湘南高等学校教諭，田島聡氏は，4回のワークショップの裏方で私を惜しみなくエスコートしてくださいました。

　埼玉のSGE実践の仲間である別所靖子・橋本登・大木百合江・原田友毛子・高橋光代・北條博幸の諸氏は，身近で陰日なたなく私を支えてくださいました。

　本論文の作成にあたり，お導きとご協力を賜りました諸先生及び諸氏に対し，衷心より感謝申し上げます。

片野智治

構成的グループエンカウンター研究
SGEが個人の成長におよぼす影響

目 次

```
論文内容の要旨
    1  研究目的  10
    2  方法  15
    3  結果・考察  16
    4  本研究の開発的カウンセリングへの示唆  21
```

第1章 わが国における伝統的カウンセリングの問題点と構成的グループエンカウンター

第1節 少子高齢化社会の諸問題と集団の育成 34
第2節 わが国における伝統的カウンセリングの問題点 38
第3節 カウンセリングの第三勢力の誕生とエンカウンター 44

第2章 構成的グループエンカウンターに関する文献研究

第1節 SGE効果の研究—プログラムと行動変容— 52
第2節 SGE体験の研究—体験的事実と抵抗— 61
第3節 人間関係プロセスに関する研究—グループ過程・個人過程— 66
第4節 SGEのリーダーシップに関する研究 72

目次

第3章　本研究の基本的概念
第1節　本研究の目的の概観及び意義　84
第2節　本研究の基本的概念の定義　86
第3節　本研究の構成　97

第4章　研究1
構成的グループエンカウンターにおけるグループ過程の変化
第1節　SGEグループ過程尺度の開発　102
　　　　目的／方法／結果／考察
第2節　SGEグループ過程の変化　116
　　　　目的／方法／結果／考察

第5章　研究2
構成的グループエンカウンターにおける個人過程の変化
第1節　SGE個人過程尺度の開発　128
　　　　目的／方法／結果／考察
第2節　SGE個人過程の変化　145
　　　　目的／方法／結果／考察

第6章 研究3 構成的グループエンカウンターのプログラムが行動変容に及ぼす影響

- 第1節 3種類のプログラムの開発 160
- 第2節 Y-Gテストにみる人間関係得点の変化 170
  目的／方法／結果／考察
- 第3節 個人志向性・社会志向性ＰＮ得点の変化 184
  目的／方法／結果／考察

第7章 全体的考察

- 第1節 全体的考察 196
- 第2節 本研究の開発的カウンセリングへの示唆 208
- 第3節 本研究の改善点 215
- 第4節 今後の課題 218

図表一覧 223
引用文献 224
資料 ウィネス・プログラムのインストラクション 233

論文内容の要旨

1 研究目的

本論文は，構成的グループエンカウンター：Structured Group Encounter（略称 SGE）に関する研究である。

本研究論文の全体像，すなわち本研究の構成を次頁の **Figure1** に示す。

次に，本論文の要旨について記述したい。

文献研究（第2章）及び実践的見地から，筆者の究極的な関心は「**構成的グループエンカウンターが個人の成長に及ぼす影響**」を明らかにすることにある。

その第1段階として，集中的グループ体験であるSGEの体験過程の解明が必要である。実践的見地から述べれば，この体験過程それ自体が個人の成長に影響すると考えられるからである。

体験過程を明らかにする方法の一つとして，尺度を用いて体験過程の変化を調査研究するという方法がある。それゆえに，本研究の1，2では，SGEの体験過程を測定する「SGEグループ過程尺度」「SGE個人過程尺度」を開発し，本尺度で体験過程を測定し，得られた結果をもとに体験過程の変化について考察することにした。

研究1では，「**SGEグループ過程尺度**」の開発（**Table1**）をし，本尺度によりSGEグループ過程を測定し，得られた結果をもとに「**SGEグループ過程の変化**」について**考察**することを目的とする。SGEグループ過程は，エクササイズやシェアリングを通してメンバー間に生じ，意識化された認知的・感情的・行動的側面の，あるがままの自己の言語的または非言語的手段による，今ここでのインターラクションの過程と定義した（以上第4章）。

```
┌─────────────────────────────────────┐
│ 第1章　わが国における伝統的カウンセリングの │
│        問題点とSGE                    │
│   第1節　少子高齢化社会の諸問題と集団の育成 │
│   第2節　わが国における伝統的カウンセリング │
│         の問題点                      │
│   第3節　カウンセリングの第三勢力の誕生とエ │
│         ンカウンター                   │
└─────────────────────────────────────┘
              │
┌─────────────────────────┐
│ 第3章　本研究の基本的概念    │
│   第1節　本研究の目的       │
│   第2節　本研究の基本的概念の定義 │
│   第3節　本研究の構成       │
└─────────────────────────┘

┌──────────────────────────┐   ┌──────────────────────────┐
│ 第6章　研究3：構成的グループエンカ │   │ 第2章　構成的グループエンカウンターに関 │
│       ウンターのプログラムが行動変容に及 │   │       する文献研究                 │
│       ぼす影響                   │   │   第1節　効果研究：プログラムと行動変容 │
│   第1節　3種類のプログラム        │   │   第2節　SGE体験研究：体験的事実と抵抗 │
│   第2節　Y-Gテストにみる人間関係得 │   │   第3節　人間関係プロセス研究：グループ │
│         点の変化                │   │         過程・個人過程             │
│   第3節　個人志向性・社会志向性得点の │   │   第4節　SGEのリーダーシップに関する │
│         変化                   │   │         研究                    │
└──────────────────────────┘   └──────────────────────────┘

              ┌──────────────────┐
              │    個人の成長      │
              │ 構成的グループエンカウンター │
              └──────────────────┘

┌──────────────────────────┐   ┌──────────────────────────┐
│ 第4章　研究1：構成的グループエンカ │   │ 第5章　研究2：構成的グループエンカウ │
│       ンターのグループ過程の変化   │   │       ンターの個人過程の変化        │
│   第1節　SGEグループ過程尺度の開発 │   │   第1節　SGE個人過程尺度の開発      │
│   第2節　SGEグループ過程の変化    │   │   第2節　SGE個人過程の変化         │
└──────────────────────────┘   └──────────────────────────┘

              ┌──────────────────────┐
              │ 第7章　全体的考察          │
              │   第1節　全体的考察        │
              │   第2節　本研究の開発的カウンセリ │
              │         ングへの示唆       │
              │   第3節　本研究の改善点     │
              │   第4節　今後の課題        │
              └──────────────────────┘
```

Figure1　本研究の構成

論文内容の要旨

Table1　SGEグループ過程尺度の因子負荷量

		因子負荷量
①	話しやすかったか	.854
②	自分のことについてすんなり話せたか	.847
③	言いたいことが言えたか	.842
④	自分の本心（ホンネ）を話したか	.820
⑤	居心地はよかったか	.813
⑥	受けいれてもらったという感じがしたか	.807
⑦	自分のことを聞いてもらったという感じがしたか	.801
⑧	気持ちはスッキリしているか	.778
⑨	リラックスしていたか	.775
⑩	エクササイズにすんなり取り組めたか	.726
⑪	対話（言語及び非言語で）がはずんだか	.719
	固有値	7.229
	寄与率	.64
	α係数	.93
削除された項目		
⑫	エクササイズ中，グループはあけすけな感じがしたか	.442
⑬	エクササイズ中，グループは仕切られている感じだったか	.014

注：松浦・清水グループ認知尺度（1999）との相関関係を分析した結果，本尺度の併存的妥当性は支持されている。

　研究2では「SGE個人過程尺度」を開発（Table2）し，それでSGE個人過程を測定し，得られた結果をもとに「SGE個人過程の変化」について検討することを目的とする。SGEの個人過程は，主としてグループ過程やエクササイズ，シェアリングが媒体となる，参加メンバー個々の自己への意識や，固有の人生経験・体験，見方・考え方・価値観に関連した個人的な認知的・感情的・行動的側面のあるがままの自己の把握と評価，その表出といった一連の現象学的過程と定義した（以上第5章）。

Table2　SGE個人過程尺度の因子負荷量

	因子1	因子2	因子3	因子4
① 相手に対する自分の気持ちを話したくなる	.76	-.11	.08	.13
② 家族の悩みごとでも話したくなる	.73	.11	-.08	.15
③ ふだんなら言わないようなことでも話したくなる	.70	-.10	.14	.24
④ これまでの人生で得意気分になったことやみじめだった体験などを話してもいい	.64	-.14	-.06	.35
⑤ 人に良く思われたいという気持ちから自分を曲げてしまう	.03	.80	.23	-.17
⑥ 相手に嫌われたくないので引っ込み思案になっている	-.08	.75	.20	-.13
⑦ 相手に対して振舞いが不自然になる	.01	.71	-.05	-.25
⑧ 気持ちが萎縮してしまう	-.18	.65	.20	-.13
⑨ 相手をうらやましいと感じる	.14	.01	.81	.06
⑩ 相手と自分を比べてしまい自己嫌悪を感じる	-.02	.35	.71	-.16
⑪ 相手と比べ自分には「いいところ」はないと卑下してしまう	-.08	.35	.60	-.25
⑫ 相手と異なる気持ちでも伝えることができる	.19	-.19	.04	.82
⑬ 自分の言いたいことを主張できる	.26	-.16	-.02	.80
⑭ 人に左右されることなく自分のことは自分で決めている	.10	-.18	-.24	.73
⑮ 自分の意見や考えをはっきり主張できる	.34	-.09	-.18	.58
⑯ 自然な話し方ができる	.24	-.31	-.01	.55
固有値	5.16	2.38	1.11	1.00
寄与率(%)	32.3	14.9	7.0	6.3
α係数	.67	.75	.66	.78

注：平山・個人過程尺度（1998）との相関関係を分析した結果，本尺度の併存的妥当性はは支持されている。

論文内容の要旨

Table3　oneness, weness, I-ness プログラム(抄)

プログラム	目標	行動の基準	キー・エクササイズ例
onenes （略称O）	融合	感情・思考をつかむ 感情表明する 発言を強要しない	背中合わせ ライフライン 未完の行為の完成
weness （略称W）	調和	相手の足になるようなことをする 一緒に取り組む みんなでケアする	共同絵画 アニマル・プレイ トリップ・トゥ・ヘブン
I-ness （略称I）	対峙	気概をもつ 自己主張する 対決する	自己概念カード 紙つぶて エンプティ・チェア

　次に第2段階として，SGEの「構成」の主要素であるプログラム（目標と行動基準とキー・エクササイズ）が個人の成長に及ぼす影響を解明することが必要である。

　研究3は「単一被験者実験計画：Single-subject design」に示唆を得て，非実験群を設定できない場合には，ベースラインを決めて，介入に違いをもたせて，介入の効果検討をするという実験計画を研究方法として取りいれ，3種類の異なったプログラムを試行し，**プログラムが，「適応」の一つのフレイムである人間関係のもち方（パターン，対自己を含む）や個人志向性・社会志向性に及ぼす影響**を明らかにすることを目的とした。つまり，どんなプログラムが，Y-Gテストにみる人間関係得点や個人志向性得点・社会志向性得点（PN）にどう影響するかを調査研究することに目的がある。本実験は先行研究にはない初めての手法である（以上第6章）。

　3種のプログラム（**Table3**）は，ムスターカス（Moustakas, C.）によって提唱されたリレーションシップの3要素（ワンネス，ウィネス，アイネス）をキー・コンセプトとした。それぞれにおいて目標と行動基準，キー・エクササイズを筆者が明確にした（以上第6章）。

Table4　参加者属性

性別	1回	2回	3回	4回	合計
男	9	10	15	9	44
女	22	19	19	23	82

年齢	1回	2回	3回	4回	合計
20代	2	9	4	3	18
30代	10	8	12	6	36
40代	12	6	9	6	33
50代	5	6	8	14	33
60代	2	0	1	3	6

職業	1回	2回	3回	4回	合計
幼児教育教員	0	0	1	0	1
初等・中等教育教員	24	15	21	22	82
高等教育教員	1	2	3	3	9
学校教育相談員	1	3	5	1	10
教育行政	0	1	0	2	3
産業	3	5	2	2	12
医療	0	0	0	1	1
福祉	0	1	1	0	2
司・法曹	0	1	0	0	1
学部・大学院学生	0	1	1	1	3
その他	2	0	0	0	2
再参加者数	3	2	2	2	9

2　方　法

　本研究のために，集中的なグループ体験である2泊3日のSGE体験コースを4回実施した。この参加者（**Table4**）を対象にして，それぞれのワークショップ開始時（pre調査）とワークショップ終了直後（post調査）に調査を行った。pre調査の得点とpost調査の得点との間の変化をみるために，対応のある平均値の差のt検定を行った。

4回のうち，第2回目のプログラムはワンネス，第3回目はウィネス，第4回目はアイネスのプログラムを実施した。

3 結果・考察

(1) 研究1（第4章）では，3回分のSGE体験コースそれぞれにおいて，SGEグループ過程得点の合計点の平均値に有意の変化が見出された（**Table 5**）。これはSGEグループ過程が，毎回ともワークショップ開始時に比べて，ワークショップ終了直後の方がポジティブな方向に変化したことを示唆している。

(2) 研究2（第5章）では，SGE個人過程尺度の合計点の平均値，及び2下位尺度「自己露呈」「自己主張」得点の平均値において，有意の変化が見出された。一方下位尺度「自己否定」は第2，3回において，「自己歪曲」は第4回において有意の変化が見出せなかった。これらの結果は，3回分のSGE体験コースのSGE個人過程が，ワークショップ開始時に比べて，ワークショップの終了直後の方がポジティブな方向に変化したことを示唆しているといえる（**Table6**）。

以上の結果(1)(2)について考察する。集中的グループ体験の体験過程（グループ過程・個人過程）は，体験過程それ自体が行動変容の過程と考えられる。

筆者の研究（1994a，b，c，1999）と，今回のSGE体験過程の解明の試みや，25年間のSGE実践の知見から，その体験過程について，次のようなことが考えられる。

① エンカウンターは「あるがままの自己」の自己開示である。これがメンバー同士やメンバーとリーダー間のリレーションを形成する。

② エクササイズはふれあいの媒体である。またリレーションが形成されていると，体験したエクササイズや他者の発言に触発されて，問題を抱えたあるがままの自己がいっそう語られるようになる。すなわち「やむにやまれぬ情念（思念）に駆られて」，あるがままの自己が露呈されるようにな

Table5　SGE グループ過程得点の平均値の変化（プログラム）

		合計点	t 値
第2回体験コース （oneness）	pre post	35.069 39.931	**
第3回体験コース （weness）	pre post	40.559 48.853	***
第4回体験コース （I-ness）	pre post	42.250 47.719	***

Table6　SGE 個人過程得点の平均値の変化（プログラム）

		第2回	第3回	第4回
自己露呈	pre	10.241	11.515	11.500
	post	15.414	15.647	14.781
	t 検	***	***	***
自己歪曲	pre	12.552	14.242	15.469
	post	15.483	16.029	16.375
	t 検	***	**	n.s.
自己否定	pre	10.310	11.242	12.094
	post	9.931	11.455	12.906
	t 検	n.s.	n.s.	*
自己主張	pre	16.103	17.125	17.156
	post	19.828	20.412	20.844
	t 検	***	***	***
合計点	pre	49.207	54.031	56.219
	post	60.655	63.394	64.906
	t 検	***	***	***
プログラム		oneness	weness	I-ness

論文内容の要旨

る。話したり，語ったりすること自体が，抱えている問題の明確化や克服・解決につながる。
③ SGEでは，メンバーはあるがままの自己に気づく，気づいたあるがままの自己を表現・主張する。あるがままの自己になりきっている他者を受けいれる。
④ シェアリングによって，メンバーの認知の修正や拡大がもたらされる。

(3) 研究3（第6章）では，3種類の異なったプログラムを試行した。適応の一つのフレイムである人間関係のもち方（対自己を含む）や，個人志向性・社会志向性に，プログラムがどのような影響を及ぼすかを明らかにすることを目的とした。

　ワンネスとウィネスの両プログラムで，有意の差が共通して見出されたY-Gテスト（172頁参照）の「集合因子」は，情緒不安定性DCIN，社会的不適応性OCoAg，適応性ASであった。このことは，ワンネスとウィネスの両プログラムが，情緒不安定性得点と社会的不適応性得点の各々の平均値に対して，ポジティブな方向で影響を及ぼしていることを示唆している（**Table7**）。

以上の結果（3）について考察する。これらのプログラムの特徴は，メンバー相互の受容・被受容体験，共感・被共感体験を基盤にして，メンバー相互の「意味と深みのあるリレーション」形成にある。このリレーション体験が両集合因子に影響していると考えられる。すなわち，両プログラムはペンネームづくり，自由歩行，握手・ペンネームによる自己紹介，ペンネームの由来を語る，インタビュー（聞きあう），夢・願望を語る，印象を語る，他者紹介といったものから始まって，メインのエクササイズはライフライン，未完の行為の完成，アニマル・プレイ，トリップ・トゥ・ヘヴンといったものがキー・エクササイズである（**Table3**）。これらのエクササイズを体験することによって，メンバー相互の内的世界の共有と，メンバー間の仲間意識の形成が実現されたと考えられる。

Table7 プログラムとY-Gテストの集合因子別得点の平均値の変化

注：O, W, Iはプログラムの頭文字（O：oneness, W：weness, I：I-ness）

Y-Gの下位尺度ごとの結果

因子名	O	W	I	因子名	O	W	I
抑うつ性D	●	●	●	愛想の悪いことAg			●
回帰性傾向C		●		一般的活動性G	●	●	○
劣等感の強いことI		●		のんきさR	●		
神経質N		●		思考的外向T	○		
客観的でないことO	●			支配性A	○	●	
協調的でないことCo	●	●		社会的外向S	○	●	●
上記6つの因子は情緒の適応性を示し、変化しやすいとされている				上記6つの因子は広義の向性を示し、変化しにくいとされている			

Y-Gの下位尺度を集合因子でまとめてみた結果

集合因子名		O	W	I
情緒不安定性	DCIN	●	●	
社会的不適応性	OCoAg	●	●	
活動性	AgG			●
非内省性	RT	●		
適応性	AS	●	●	
衝動性	GR		●	

●有意の変化　〇有意の傾向

(4) アイネス・プログラムで，有意の差が見出されたY-Gテスト（172頁参照）の「集合因子」は，活動性因子であった。これはAg（攻撃的），G（活動的）の集合で，活動性を表す因子である。Ag（攻撃的）因子は自分を打ち出す意欲を，G（活動的）は活動性を表す。

以上の結果（4）について考察する。個の自覚をもちながら，気概をもって自分を打ち出していくところに特徴のあるアイネス・プログラムが影響していると考えられる。私はどんな人か，内的準拠枠を明確化するところにねらいがあり，ネガティブな自己概念はリフレーミングしてポジティブにし，自己受容をすすめ，行動変容を促すことをねらう「自己概念カード」，「私のお願いを聞いて」，「紙つぶて」，「エンプティ・チェア」（対決をねらう），

Table8　個人志向性・社会志向性ＰＮ尺度得点の平均値の変化

	3 回			4 回		
	平均値		t検定	平均値		t検定
	pre	post		pre	post	
P得点	75.65	78.21	*	78.28	81.59	**
変化量	2.56			3.31		
N得点	44.35	41.74	*	38.47	36.35	*
変化量	2.61			2.12		
プログラム	weness			I-ness		

「別れの花束」（ねらいは人生における出会いと別れを生きるところにあり，孤独：loneliness と出会い：encounter が求道者の彷徨と邂逅であることを体験する）といったアイネス・プログラムのキー・エクササイズが影響していると考えられる。

(5) 個人志向性・社会志向性尺度のＰ尺度は，自己決断や自己の実現をめざして自己を打ち出すことを志向したり，向社会的・愛他的であり，現実原則や社会的役割に生きる在り方を志向するといった項目からなる。P尺度得点のポジティブな方向への変化量（pre 得点と post 得点の差，**Table8**）は，アイネス・プログラム試行のSGE体験コースのほうが，ウィネス・プログラム試行の場合に比べて大きかった。このことはアイネス・プログラムのほうが，ウィネス・プログラムに比べて影響していると考えられる。

一方，N尺度は自己中心的で，独断・独善的な在り方生き方を志向したり，他者依存的，防衛的，失愛恐怖，自己懲罰的な否定的な在り方生き方を志向するといった項目からなる。N尺度得点のポジティブな方向への変化量は，ウィネス・プログラムのほうがアイネス・プログラムに比べて影響していると示唆された。

以上の結果（5）について考察する。アイネス・プログラムは肯定的な個人志向性・社会志向性の過剰適応を予防し，適度な適応をもたらすと考えられる。一方，ウィネス・プログラムは否定的な個人志向性・社会志向性の不

適応を予防し，適度な適応を促進すると考えられる。

4　本研究の開発的カウンセリングへの示唆

(1)　体験過程は行動変容の過程

集中的グループ体験の体験過程（グループ過程・個人過程）は，それ自体が行動変容の過程と考えられる。このことはグループ・ダイナミックスをはじめとして（Morton Kissen, 1976, Donelson, R. E., 1989, 1990），グループ・プロセス研究（D. W. Johnson, 1972, Jay. M., Diamond, & Jerrold and Shapiro, L., 1975, Leonard Berkowitz, 1978, Rupert Brown, 1988, G. Houston, 1993）において指摘され，エンカウンターグループの研究（G. Egan, 1970, Apfelbaum, B., and Apfelbaum, C., 1973, Arbuckle, D., 1973, Rowan, J., 1975, Smith, P. B., 1975, Stanton, H., 1976, Bennett, F. D., 1976, Blume, F., 1981）からも指摘されている。

筆者の研究（1994a, b, c, 1999），本研究１，２と25年間のSGE実践の知見から，次のようなことがいえる。

① エンカウンターは「あるがままの自己」の自己開示である。これがメンバー同士やメンバーとリーダー間のリレーションを形成する。

② エクササイズはふれあいの触媒である。またリレーションが形成されていると，体験したエクササイズや他者の発言に触発されて，問題を抱えたあるがままの自己がいっそう語られるようになる。すなわち，やむにやまれぬ情念（思念）に駆られて，あるがままの自己が露呈されるようになる。このように話したり語ったりすること自体が，抱えている問題の明確化や克服・解決につながる。

③ SGEでは，メンバーはあるがままの自己に気づき，気づいたあるがままの自己を表現・主張する。そして，あるがままの自己になりきっている他者を受けいれる。

④ シェアリングによってメンバーの認知の修正や拡大がもたらされ，これが行動変容へつながる。体験過程そのものが行動変容の過程と考えられる。

以上の 4 点は，SGE ワークショップのリーダーの念頭に常におかれねばならない。換言すれば，構成されたエンカウンターの体験過程を検討する場合，以上の 4 点ははずせない視点となってくる。
　SGE には四つの構造上の特徴がある。①ペンネーム，②全体シェアリング，③役割遂行，④リチュアルの四つである。これらは内界・外界とのいっそうの和解を促すと考えられる。和解を促すとは修正感情体験（corrective emotional experience）をする，感情体験を広げる，認知の修正・拡大と行動を体験学習するという意味である。

① 　ペンネームはメンバー自身が自分の人生へいっそうコミットメントできるようにしている。例えば，ある参加者がワークショップの途中で「ペンネームを変えたい」と言い出したのときには変えたい理由を全体に宣言する。

　　ペンネームは「遅まきながら，自分の意志で自分に名前をつける」ところにねらいがある。そのようにすることで，この人生は私の人生である，自分の人生に対して責任を担うのは自分である，という意識性と責任性が促されると考えられる。これを重要視するのは，SGEの背景には実存主義思想があるからである。

② 　全体シェアリングは二重の円になって全参加者がシェアリングする。60分から90分のワン・セッションをこれにあてる。ここではエクササイズをしない。ワークショップ期間中にこれを 4 回行う。

　　全体シェアリングのねらいは感情・思考・行動の共有にある。これらを共有することで，認知の修正・拡大がいっそう促進されると考えられる。

③ 　役割遂行は役割理論を背景にしながら，役割を通してエンカウンターすることにねらいがある。

④ 　リチュアルは集団が同一の行動様式をとるという意味である。SGEではリチュアルとして全員が全員と握手しあう。ねらいはスキンシップとアイコンタクトを介して集団の凝集性（groupness）を高めることにある。具体的にはワークショップ期間中にこれを 4 回行う。

要約すれば、これらの SGE の構造上の特徴が内界・外界との和解を促進し、これが参加者の行動変容に影響していると考えられる。

(2) 個人の成長と適応

次に SGE が個人の成長に及ぼす影響について考察したい。

筆者はカウンセリング心理学の視点及び SGE の実践的見地から、「個人の成長」と適応（Adjustment）を次のように考える。

個人の成長は適応として考えられる。ここでいう「個人の成長（personal growth）」とは、自己及び他者、環境に対する（内界・外界に対して）ある特定の感情へのとらわれ、ある特定の思考（認知）へのとらわれ、ある特定の行動のとらわれから解放されて、必要に応じて「あるがままの自己（actual self）」を打ち出すことができるようになる（行動変容）という意味である。ここでいう行動変容とは、今まであった反応の低減ないし消失、今までなかった反応の発現をいう。すなわち自己確立志向の「個性化」や社会的適応をめざした「社会化」に関係した行動変容をいう。

以下に具体例を挙げる。

① 「ふれあい（encounter）」（あるがままの自己同士の交流）ができる。すなわち、あるがままの自己に気づき、気づいた自己を表明・主張する。あるがままの自己の他者を、相互に受容するという人間関係を形成できるという意味である。相互の固有性・独自性を尊重しあう人格的な人間関係を志向する。とくに「今ここで」の感情表現をはじめとする自己開示行動に重きをおく。ふれあいは自己を外に向けて打ち出す、自己疎外からの脱却、失愛恐怖からの脱却を意味している。

② 自己盲点への気づき（self-awareness）や克服への志向性を有する。自己盲点とは「他者にはわかっているが、自分（本人）は気づいていない」という偏りを意味している。

③ 感情面、思考面、行動面のとらわれから自己を解放し、認知の修正や拡大をし、柔軟になる。換言すれば、ゲシュタルト心理学やゲシュタルト療

法でいう地（ground）と図（figure）の転換や全体像（meaningful Gestalt）の構成を柔軟にできるという意味である。
④　在り方・生き方の前提として自己選択・決定（self-decision-making）の過程を重要視する。
⑤　自己主張（assertiveness）や対決（confrontation）をすることをためらわない。
⑥　創造的な在り方・生き方（creativeness）を求める。とくにフランクル（Frankl, V. E.）のいう意味の創造に重きをおく「意味への意志（will-to-meaning）」を有する。
⑦　役割とルールの中で生きる。役割やルールにとらわれることなく，社会的場面で，役割を自ら創造し現実原則を重視しながら生きる。

(3) 開発的・教育的モデル

SGEは集中的グループ体験である。SGE体験の体験過程はそれ自体が参加メンバーの行動変容の過程であるということが，研究1，2，3から示唆された。

SGEの「構成」の主要素であるプログラム（目標と行動基準，キー・エクササイズ）は，この体験過程のSGEグループ過程・SGE個人過程のそれぞれに影響しているということが，本研究から示唆された。このことはエクササイズの多様性，すなわちプログラムの多様性を有するSGEは，参加メンバーの行動変容に対して多面的な効果をもたらすと考えられる。

前述したように，集中的グループ体験であるSGEの体験過程は，それ自体が参加メンバーの行動変容の過程であると考えられる。このことはSGEが，開発的カウンセリングの一形態であり，グループ・アプローチの一形態としての役割・機能をもっていると考えられる。

本研究は開発的カウンセリングの人間関係開発に関する研究であるとともに，集団育成の教育技法として開発的・教育的モデルのSGEの有効性を問うことにつながる。集団育成は，教育や産業や福祉その他の領域における古く

て新しい課題であると考えると，本研究は開発的カウンセリングの役割・機能の拡充につながると考えられる。

　ここでは筆者のカウンセリングの定義について述べ，開発的・教育的モデルとしてのSGEについて考察する。第二に SGE の位置づけを試みる。

　筆者はカウンセリングを以下のように定義したい。「カウンセリングとは，人間の心理的健康と成長の促進を究極的な目的とする，心理学的・専門的な援助過程である。同過程で行われる援助は，カウンセリング心理学をはじめとする行動科学・哲学に基づき，開発的・問題解決的であり，発達課題の達成と適応を促進する。これはインフォームド・コンセント及びリレーションのもとで，言語的及び非言語的コミュニケーションを通して，態様別に行われる」。

　詳述すると次のようになる。援助過程とは援助者と被援助者の人間関係をいう。インフォームド・コンセントとは，援助者が倫理綱領に基づき，十分な説明をし，被援助者の同意を得るという意味である。その意図は作業同盟を結ぶことにある。発達課題とは，ここでは人間の生涯発達課題をいい，学習面，キャリア面，個人・社会面，健康面の課題をいう。適応とは，個性化（自己の内面を志向しながら自己を確立・実現していく過程）と社会化（社会や他者を志向しながら周りに適応していく過程）を意味する。リレーションとは，被援助者と援助者間の信頼と敬意に満ちた温かい人間関係の体験過程をいい，両者が自己注視・自己理解しながら，意味と深みのある人生の一コマを共に生きる過程をいう。態様別とは，被援助者の問題に応じて，健常な個人または集団を対象にした場合に，効果的かつ効率的な方法をとるという意味である。

　以上の定義のもとで，SGE は開発的カウンセリングの一形態であり，グループ・アプローチの一つと考える。健常な参加メンバーがグループ状況でのエンカウンターを実現するという，開発的・教育的な集中的グループ体験と考える。

　SGE が開発的・教育的であるという根拠を提示する。SGEの源流はオー

プン・エンカウンターにある。提唱者のシュッツ（Schutz, W.）は社会心理学者として対人関係欲求理論を体系づけ，これに基づく測定法「FIRO-B」：Fundamental Interpersonal Relations Orientation-B を開発した研究者である。自己理論に基づくエンカウンターの「言葉の行き詰まりや対人的葛藤で，リーダーやメンバーのエネルギーを数時間分消耗させてしまう欠点」を解消するために，各種の技法を導入した。

一方，わが国で「構成的」エンカウンターを提唱した國分はカウンセリング・サイコロジストであり，人間関係開発（主として人間関係能力：interpersonal skill の育成）を目的にしたSGEを志向しながら実践してきた。シュッツと國分の共通点は，インターパーソナル志向であるという点であると考えられる（國分編，1992，2000／Schutz, W. 1975）。

SGEの対象は主としてインターパーソナルな問題を解決したい，自己啓発や自己変革に動機づけられた健常者である。参加申込の時点で，カウンセリングないし心理療法を受けている人はこの中に含まれない。

次にSGEで用いられるエクササイズは，心理面の発達を目標とする心理教育的な課題である。心理教育的課題とは，思考・感情・行動の3側面における体験学習を促進する課題のことである。SGEは「ふれあいと自己理解・他者理解」を目標とし，究極的には人間成長を目的としている。

次にカウンセリングのグループ・アプローチの中に，SGE を位置づける。この試みはグラッディング（Gladding, S. T. 1988）の "FIGURE1. 2. 3, Group approaches conceptualized." に示唆を得ている。図示すると以下のようになる（Figure 2）。

SGE は自他とのエンカウンター（encounter with others, encounter with self）が主たる目的である。エンカウンターを構成しているのでリーダー中心の側に寄るが，精神分析や交流分析をするほどリーダー中心ではない。

(4) プログラム・モデル

　本研究では3種類のプログラムを用意し試行した。これらのプログラムはエンカウンターの3局面をプログラム化したものといえる。すなわち融合的・調和的・対峙的といった局面に沿っている。換言すれば，ワンネス・ウィネス・アイネスという3局面である。

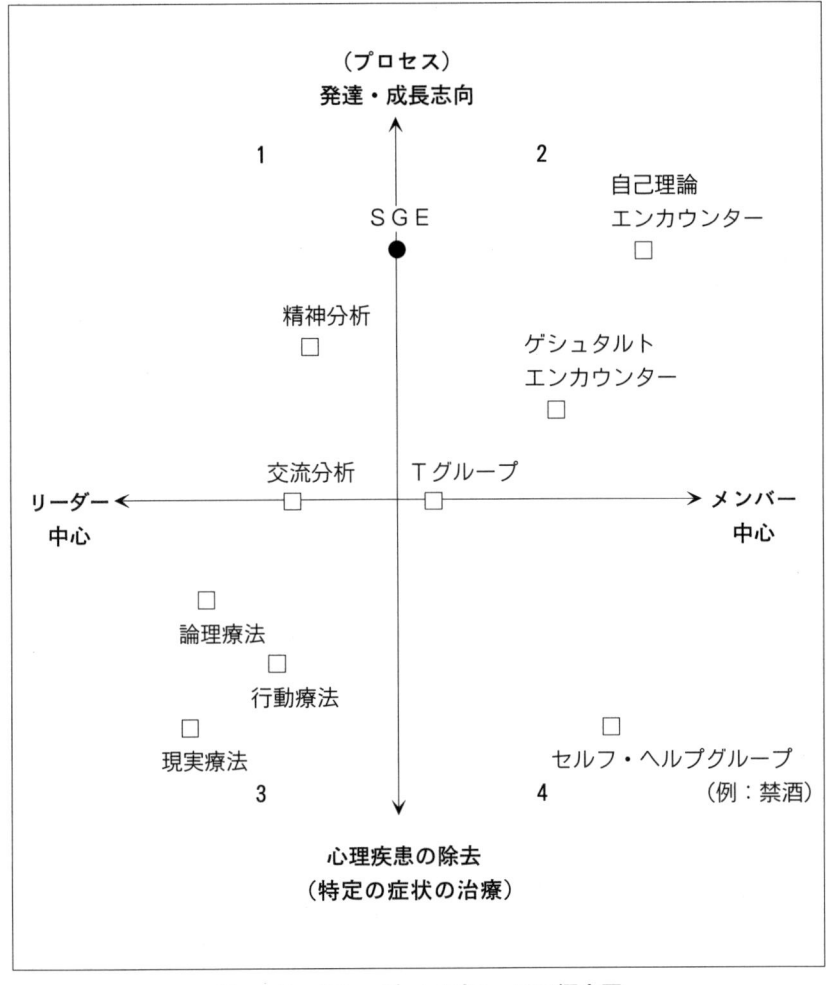

Figure2　グループ・アプローチの概念図

論文内容の要旨

　ムスターカスのワンネスは次のような人間関係の在り方を意味している。"immersion"（相手の世界にまず自分を投げ込み，相手の世界に浸りきる），"indwelling"（相手の願望，興味，希望，恐怖，挫折感や自己像，自己概念，自己評価などを把握し，相手の全体像を理解する），"internal frame of reference"（相手の内的準拠枠をつかむ）である（1992，76-92頁）。

　対人行動レベルで具体的に示すと，例えば無条件の積極的・肯定的関心を「質問する」「問いかける」という行動で実現する。メンバー相互は互いに「無視しない（無視されない）」「耳を傾ける（耳を傾けてくれる）」「話題をとらない」「話題を変えない」「相手を注目している」「自分を押しつけない（自分を押しつけられない）」といった対人行動をとる。

　ムスターカスはウィネスについてこう述べる。

　「自己の実現を促すような相手の表現を支持したり，力づけたり励ましたりする」「相手の中から自己決定力を引き出す」"alliance"のことである（1995，156頁）。

　すなわち「連合している」「一枚噛んでいる」「他人事ではない」といったような「相互扶助的」な対人態度がある。「偏見と先入観がない」「支配と服従がない」「報復がない（遺恨がない）」といった水平関係に徹するという対人態度がそこにある。「意志を見下したり，無視されることがない」「自己決定への気概を支える」といったような相手の自己の実現を尊重する。「調和（とけこんでいる）」「外界とのつながりが感じられる」「大事にされている自分を感じる」といった"relatedness"を形成する一貫した面倒見のよさと支持的な対人態度である。

　対人行動レベルで具体的に示すと，「リチュアル（定型的な行事）」「中立的な言動をしない（何の応答・反応もしないこと）」，「受容する」「支持する」「励ます」「認める」「称賛する」，「協力」「表現法を援助する」「身を挺してかかわっていく」というような行動になる。

アイネスは"I-Thou relationship"を意味し，相互の固有性・独自性（「かけがえのなさ」）を尊重する，畏敬の念をもちあうという態度から生じる自己主張：assertivenessや対決：confrontation（互いに高めあうための論戦），「意味と深み」のある，あるがままの自己を開示しあうエンカウンターを志向している（1995，157頁）。自己主張：assertivenessを志向するとは，在り方としてお互いの自己主張を促進しあう態度のことであり，その具体的行動として対決（confrontation）をためらわない。対決は生産的論戦であり，互いの自己主張を促す。それは自己の実現を相互に促すという意味である。自己の実現とは自他の識別があり，意志性と意識性に目覚めていて，自己の思考と感情と行動に目覚めている，自己の存在価値を自覚していて，自分が自分の人生の責任者であるという「個」の自覚を有していることである。
　SGEのこれまでのプログラミングは，定型化された静・動のエクササイズを組み合わせたり，言語・非言語のエクササイズを組み合わせて配列してきた。筆者はこれらのほかに，エンカウンターの3局面に合わせたエクササイズの配列を試みた。これら3種類のプログラムが参加メンバーの行動変容に及ぼす影響については既に考察した。これを踏まえて，筆者はSGEプログラム・モデルとして3種のプログラムを提起したい。筆者は本研究においてこれらのプログラムを用いた。

(5) 教育技法としての有効性

　SGEが，集団育成の教育技法として有効であると主張したい。
　SGEには2種類ある。ジェネリックSGEとスペシフィックSGEである。前者は集中的グループ体験としてのSGEであり，参加メンバーの行動変容を目的にしている。筆者が本研究の対象にしたSGEはジェネリックである。後者は学校教育や社内教育で目的に応じて活用されるSGEであり，文化的孤島における集中的グループ体験ではない。共通点はSGEが集団育成の教育技法の一つとして有効であるという点である。
　スペシフィックSGEは現在，学校教育の領域で普及・定着している。都道

論文内容の要旨

府県の教育センター・教育研究所において，多くの教育関係者がSGE研修，人間関係づくりの研修に参加している。

　集団育成にはソーシャル・リレーション（役割交流）とパーソナル・リレーション（感情交流）の両方が必要であると考える。本研究から，SGEはこれらのリレーション形成に有効であるという示唆を得た。

　次に，自己理論に基づいたエンカウンター・グループと，構成的グループエンカウンター（SGE）との相違点を挙げる。自己理論に基づいたエンカウンター・グループの初期のグループ過程は，SGEのグループ過程にはないといえる。すなわち，第1段階の話す内容が主として外面的な事柄に関するものであったり，感情・個人的意味が認識されていないとか，密接な関係は危険だと解釈されているといった過程はSGEにはない。また第2段階の，メンバー個人が自分の主観的経験から遠く離れているとか，自分自身を客体として矛盾した話をすることもあるといった過程もSGEにはない。第3段階の，今ここにはない感情及び個人的意味を多く述べるとか，過去との関連でこれらが話されるといった過程も，SGEグループ過程にはない。

　またロジャーズ（Rogers, C. R）は，グループ過程の最終段階では，多くのメンバーが苦痛と悩みをもっている人に対して，援助的・促進的・治療的態度で接する，自然で自発的な動きが見出されると指摘している。SGEグループ過程では，ベーシックの場合と同じで，メンバーは自然で自発的で能動的な動きをする。しかし，この動きは援助的・促進的ではあるが「治療的態度」ではない。むしろ啓発的・開発的・教育的である。それはモデリングの対象たるリーダーの意識の中に，治療的な見方や対応をするという意識が少ないからではないかと思われる。SGEは，インターパーソナル志向であるといえる。このことは集団育成の教育技法として適していると思われる。

(6)　研究課題

　村山（2005）は「プロセス理論から展開する事例研究」の意義を指摘している。これは体験過程のグループ過程の発展段階を軸とした，グループに関

する事例研究である。平山（1998）はベーシック・エンカウンターグループの発展段階について，ロジャーズ研究と村山・野島研究，そして平山研究の3研究を対比している。平山研究では「発展」段階とはいわずに，「発達」段階と表現しているとともに，平山の発達段階は個人過程の展開からみた発達段階論になっているのが特徴である。

本研究では，この部分が欠落している。SGEではグループ体験が構成されているので，グループの発達段階を把握するための方法論から検討する必要があろう。2泊3日のSGEではワークショップ期間中に4回の全体シェアリングがあるので，まずは「全体シェアリングの体験過程」のパイロット研究をすすめる必要があろう。ここでは事例研究法が有効であると考えられる。筆者はSGE体験の体験的事実の研究を行ったが，体験的事実の収集を手掛かりにしたパイロット研究も有効であろうと考えられる。

村山は「創造的研究は方法論から生まれるのではなく，研究対象へのもぐり込み（indwelling）から生まれてくる」と，科学思想家のマイケル・ポラニイの研究法の意義を強調している。これはムスターカスも同じである。彼は"Heuristic Methods of Obtaining Knowledge"（「体験的認識法」）を児童臨床において有効であることを説いている。この体験的認識法の一つとして，"indwelling"法を取りあげている。筆者はエンカウンターの3局面のワンネスを融合的側面として，これを取りあげている。

第二の研究課題は，本研究では「グループの成長」に関する調査研究が十分ではなかったという点である。本研究ではSGEグループ過程を測定する尺度を開発し，グループ過程を測定し，得られた結果からグループ過程の変化を考察した。考察の過程では，グループの成長という視点からの考察を試みなかった。

第三の研究課題は，SGEの「全体シェアリング」の体験過程を明らかにしていなかった点である。本研究で取りあげた体験過程は，ワークショップ期間中の全セッションの体験過程（グループ過程・個人過程）であった。それゆえに，全体シェアリングの体験過程のみを取り上げて，体験過程の調査研

究は意味があると考える。その理由は、全体シェアリングではSGEリーダーないしスーパーバイザーの能動的な介入が行われるからである。「グループの中で起きた問題はグループの中で解決する」という原則と「ある特定の個人の問題は実は多くのメンバーが抱えているので、その問題解決は公共性がある」という見地に立って、ロールプレイや簡便法のカウンセリングが、参加メンバー全員の中で行われる。

ロシアの心理学者で、文化歴史的理論を提唱したレフ・セミョーノヴィッチ・ヴィゴーツキー（Vygotsky, L. S. 1896-1934）は、言葉は内的な記号として思考を媒介しており、内言（内的な言葉）の形で現れるとしている。形式としては声には出されない。いわば頭の中の言葉であり、その機能は、自分自身に話しかけることによって自分の行動を支配・調節する。

このように考えると、参加メンバー全員の前での簡便法によるカウンセリング場面は、メンバーの内言を誘発する機会となると考えられる。それゆえに、全体シェアリングの体験過程のみを取りあげて、体験過程の調査研究をすることは意味があると考える。このような体験過程は、ベーシック・エンカウンターグループには無い特徴であるといえる。

(7) 構成的グループエンカウンター理論

SGEの理論を構築するにあたり、その①人間観（例：I-Thou-relatedness, a real person, authenticity, awareness）をはじめとして、②性格構造論（例：ジョハリの窓、ゲシュタルト療法の「図と地」「ゲシュタルト」論）、③問題発生機序etiology（例：自我の未熟、抵抗、コンプレックス）、④目標論（例：自己決断、自己開示、自己主張）、⑤体験過程論（例：対象関係論、グループ過程、個人過程）、⑥行動変容論（例：認知の変容、自己概念の変容、セルフ・エスティームの変容、イラショナル・ビリーフの修正）、⑦リーダーの役割（例：インストラクション、プログラム構成、介入面接）・メンバーの役割、⑧SGEの限界、といった内容が考えられる。

第1章

わが国における伝統的カウンセリングの問題点と構成的グループエンカウンター

　本章では，カウンセリング心理学の実践的見地から，グループ・アプローチの必要性について述べるとともに，集中的グループ体験である構成的グループエンカウンターの意義について叙述する。

　SGE は，現代社会の問題に応えるものである。現代社会の特徴として，少子高齢化から生じる問題を解かねばならない時代が来た。少子高齢化社会では，なぜ SGE を必要とするのか。それが第1章のテーマである。一言で言えば，SGE は集団体験の不足から派生する問題を解くのに有効ではないか。本研究ではこの仮説を検証する。

　第1節では，少子高齢化社会の抱える諸問題について記述し，問題解決の一方法として「ふれあい」集団の育成を提起する。第2節では，わが国における伝統的カウンセリングの問題点を挙げ，開発的カウンセリング・問題解決的カウンセリングの必要性を提起する。第3節では，開発的カウンセリング及び問題解決的カウンセリングの一形態として，グループ・アプローチの一つである集中的グループ体験「構成的グループエンカウンター」の源流とその特徴に言及する。

第1章　わが国における伝統的カウンセリングの問題点と構成的グループエンカウンター

第1節　少子高齢化社会の諸問題と集団の育成

　本節では，実践的な心理学（professional psychology）の見地から，現代日本の**少子高齢化社会の諸問題**を述べる。
　なぜこれに言及するのか。その理由は以下による。
① 　本研究は「構成的グループエンカウンターが個人の成長に及ぼす影響」を明らかにするところに目的がある。何をもって個人の成長と考えるか。筆者は「適応」との関連でこれをとらえている。
② 　人間の適応（内的適応・外的適応または個性化・社会化）は，人間が現在形で生きる社会の抱える諸問題に影響を受ける。
③ 　現代社会の特徴である少子高齢化社会における人間の適応を考えるとき，「ふれあい」集団（「心の居場所」）を複数もつことが必要であろう。換言すれば，グループ状況での感情交流体験それ自体がいっそう必要になってきたといえるし，このような体験のできるグループの育成が求められているといえる。
　そこで，現今のわが国の少子高齢化社会が抱える諸問題について，プロフェッショナル・サイコロジー，すなわち問題解決の方法を研究する心理学の見地から指摘しておきたい。因みに実践的な心理学，すなわちプロフェッショナル・サイコロジーとは，問題解決の方法を研究する心理学のことである。例えばカウンセリング心理学，職業心理学，臨床心理学等をいう。

（1）　日本の少子高齢化社会の諸問題の第一は，「バブル景気の崩壊」後の日本の産業界が激変し，雇用環境の変化や人材の流動化が激しくなり，ますます人間関係が表層化しているという事実である。
　産業界では構造改革・事業再構築（restructuring）が浸透し，常態化し

つつある。雇用環境では，長年わが国の産業経済を支えてきた終身雇用制，年功序列型賃金，企業別組合による労使関係は崩れた。人材派遣や転籍，出向が定着した。雇用形態は多様化し，マンパワーから能力重視へと移行した（木村，1997，2003）。これらの変化に伴って役割関係（social relation）に付随していた感情交流（personal relation）が希薄化しているといえる。

　また職業教育の視点から述べれば，労働観の変化の一現象として「フリーター」が挙げられる。初職者の離転職現象「七五三」や「ニート（NEET；Not Employment, Education, Training）」現象は憂慮すべき問題としてクローズアップされてきている。これらの諸現象の一要因として，人間関係の希薄化・表層化が考えられる。

(2)　問題の第二は，地域における人間関係が希薄化しているという事実である。

　人口移動や核家族化に伴って，隣近所の交流の減少，つきあいを学ぶ場や異年齢集団の遊び仲間や遊びそのものが消失している。これらに随伴して育児・子育て（杉原，2001）支援の需要はますます増加している。

(3)　第三は，やさしさ志向の中の自己防衛と失愛恐怖（rejection anxiety）という現象である。

　年齢65歳以上の高齢者人口は，総人口の2割以上を占めるに至った。これに伴って，介護と介助は日本の社会福祉政策の最大の課題になっている。周知の如く，これが人権擁護のバリアフリーと関連しあって，社会はやさしさ（思いやり，愛他行動）を志向している。このやさしさ志向の中に，自己防衛と失愛恐怖が潜んでいると考える。

　各種の報道によれば，被援助者である高齢者の中には，「他人（例：わが子たち，援助専門職）から反論されて自分が傷つくのは嫌だし，怖い。だから私も反対したり，人と違ったことや，ほんとうのことを言ったりしない」という人たちは多い。

　これと同じ現象が，現今の若者たちの間にも見出される。「グループの友達から無視されたり，あの人はちょっと変わった子だと思われたりするのは

耐えられない」「ホンネを言ったり，本心を正直に言ったりするのが怖い」と。
(4)　第四は，地域の教育力が低下しているという問題である。

　かつて「学校」は地域文化の中心であり，かつ担い手であったし，地域住民の親密で直接的な交流の拠点であった。今日ではその社会的地位は低下しているといえる。
(5)　第五は，少子化と高度情報化の影響を受けて，児童生徒及び学校は種々様々な問題を抱えているという事実である。例えば授業不成立・学級崩壊，キレ行動（杉原，2000）や，いじめ，対教師暴力に見られる攻撃行動，ストレス源としての学校・友人関係（岡安・嶋田・坂野，1992），不登校やひきこもり，テレビゲームへの執着や仮想現実への陶酔といった非人間化が挙げられる（松尾，2000）。

　親の高学歴化と少子化により，養育上の考え方や価値観が多様化し，同時に学校教育にかかわる伝統的価値観は崩壊したと考える（杉原，1992）。例えばかつて「授業中は決められた机・椅子から離れてはならない」「児童生徒は，先生の言うことには静かに耳を傾けるものである」「子どもは親の言うことはきかなくとも，先生の言うことはきく」といった見方・考え方が定着していた。今日では児童生徒のフラストレーション・トレランスは低下し，教師の指導力不足は深刻化し，かつて子どもたちの超自我対象であると見なされていた教師は，今では保護者の依存の対象となり得ず，信頼を得られなくなっているといえる。

　これらの諸問題に共通した認識の一つは，「健全」で「教育力」をもつ「集団」の育成という，古くて新しい問題に関するものであると考える。これにかかわる現代社会の事例を，以下に例示する。
①　国家的プロジェクトとして，キャリア・コンサルタント（キャリア・カウンセラー）の養成事業が挙げられる。その養成プログラムでは「グループ・アプローチ」による職業教育の推進にかかわる理論とスキルの学習が盛り込まれている（「キャリア・コンサルティングの効果的普及のあり方

に関する研究会」，2003)。
② 地域住民が交流を深め，地域の教育力の向上を図るために，特定非営利活動法人と地方公共団体の社会福祉課や生涯教育課との連携事業として，セルフ・ヘルプ・グループの育成事業が注目されている。
③ 文部科学省の教員養成施策では，障害者や高齢者の介護・介助施設でのボランティア活動が必修として位置づけられた。同省は初等・中等教育機関で児童生徒の「心の居場所づくり」，「心の教育」，問題発見・解決能力を核とした「生きる力」の育成，「ガイダンス機能の充実」の積極的実践を強調する通達を発している。これらの実践の基盤になるものは，集団の育成であろう。
④ 指導力不足の教師の再教育プログラムには，集団育成のリーダーシップの在り方・とり方が盛り込まれている。
⑤ 「地域に開かれた学校（大学)」という標語は，地域の教育機関が地域住民に開放され，新旧の地域住民の交流，老若男女の交流の活性化を目標の一つとしている。

構成的グループエンカウンター（SGE）の実践的見地から述べれば，健全で教育力のある集団とは，以下のような条件を満たす集団のことである。
① ホンネに気づけて，それを自己主張できる集団。
② メンバー相互の受容・被受容体験及び共感・被共感体験の機会に恵まれている集団。
③ 愛情欲求・承認欲求の充足の機会に恵まれている集団。
④ 社会的比較の機会が多い集団。すなわち，思考・感情・行動の模倣の対象が存在し，自己盲点の気づき発見の機会が多い集団。
⑤ フラストレーション・トレランス（欲求不満耐性）がつく集団。言い方を換えると，役割やルールがある集団。これらは現実原則そのものであり，これに従うには快楽原則を抑制せねばならない。

以上のような「ふれあい」があって，健全で教育力のある集団の育成が，日本の少子高齢化社会には必要であると考えられる。

第1章 わが国における伝統的カウンセリングの問題点と構成的グループエンカウンター

第2節 わが国における伝統的カウンセリングの問題点

　第1節で述べた現代社会の問題に対して，わが国の伝統的カウンセリングは応え得るか。この問いに答えるべく，本節ではわが国の**伝統的カウンセリングの問題点**について述べる。それを踏まえて，カウンセリングの一形態であるSGEの，カウンセリングの中での位置づけを考察しておきたい。

　伝統的カウンセリングの問題点のひとつは，心理療法とカウンセリングの識別が十分とはいえないということである。それゆえにカウンセリングを学んだ人々が，心理療法家のように治療モデルの実践をすることが少なくない。このことがカウンセリングへの誤解を生んでいると考えられる。カウンセリングに対する適切な理解と増進は，カウンセリング及びカウンセリング心理学の発展につながるとともに，少子高齢化社会の今日的課題の解決に有効な方略とスキルの策定に貢献できると考えられる。

　そこで以下の3点，①米国におけるカウンセリングの源流と発展，②わが国の学術団体「日本カウンセリング学会」によるカウンセリングの定義，③心理療法（臨床心理学）とカウンセリング（カウンセリング心理学）の相違について叙述したい。

1　米国におけるカウンセリングの源流と発展

　周知のように，カウンセリングは20世紀初頭の職業指導運動，心理測定運動，精神衛生運動が合流したものである（國分，2001）。
　第二次世界大戦直後の1946年，Williamson, E. G. や Dirly, J. らが発起し，アメリカ心理学会の中で「カウンセリング・アンド・ガイダンス部会」の設立に向けて動いた。その後1951年にノースウェスタン会議でカウンセリング心理学という呼称が提案され，1954年に『カウンセリング心理学』誌が

刊行された。1955年にカウンセリング・アンド・ガイダンス部会から「カウンセリング心理学部会」に改変された。この過程で，カウンセリングは発達課題の達成・解決や，適応を促進する援助活動であることが強調された。

さらにカウンセリング心理学のアイデンティティ問題が提起された1964年のグレイストン会議では，開発（development）とリサーチ（research）の点で臨床心理学との相違が明確にされた。学問上・職業上のアイデンティティが確立されたのはBrammer, R. やKagan, N. がリードした1987年のジョージア会議であった。

因みに心理療法は，1896年，Witmer, L. によるペンシルバニア大学のpsychological clinic 設立に始まるとされている（國分，前掲書）。

2　「日本カウンセリング学会」によるカウンセリングの定義

1997年，日本カウンセリング学会理事会は，創立30周年に寄せて，「日本カウンセリング学会とは何か」を発表した。これは同学会の特質を明確にし，自己像を学会員や入会希望者に示すという意図をもつものである。

本誌は「カウンセリング」を以下のように定義している。

「日本カウンセリング学会の考えているカウンセリングはサイコセラピー（心理療法）とは識別された援助的人間関係である」
「カウンセリングは疾患の治療ではなく，①健常者の問題解決，②問題の発生予防，③人間成長への援助が主目的である」
「問題解決を援助する場合の問題とは何か。……発達課題を解きあぐねて困っている（解決不全）という心理状態を意味する」
「人間成長とは思考・行動・感情の3局面における学習の促進のことである」

7年後の2004年，日本カウンセリング学会定義委員会は，次のような報告をしている（2004）。

第1章 わが国における伝統的カウンセリングの問題点と構成的グループエンカウンター

「カウンセリングとは，カウンセリング心理学等の科学に基づき，クライエント（来談者）が尊重され，意思と感情が自由で豊かに交流する人間関係を基盤として，クライエントが人間的に成長し，自律した人間として充実した社会生活を営むのを援助するとともに，生涯において遭遇する心理的，発達的，健康的，職業的，対人的，対組織的，社会的問題の予防または解決を援助する。すなわちクライエントの個性や生き方を尊重し，クライエントが自己資源を活用して，自己理解，環境理解，意思決定および行動の自己コントロールなどの環境への適応と対処等の諸能力を向上させることを支援する専門的援助活動である」

筆者は次のように，カウンセリングを定義するとともに，SGE を位置づける。

「カウンセリングとは人間の心理的健康と成長の促進を究極的な目的とする心理学的・専門的な援助過程である。同過程で行われる援助はカウンセリング心理学をはじめとする行動科学・哲学に基づき，開発的・問題解決的であり，発達課題の達成と適応を促進する。これはインフォームド・コンセント及びリレーションのもとで，言語的及び非言語的コミュニケーションを通して，態様別に行われる」

すなわち，援助過程とは援助者と被援助者の人間関係をいう。

インフォームド・コンセントとは，援助者が倫理綱領に基づき，十分な説明をし，被援助者の同意を得るという意味である。その意図は作業同盟を結ぶことにある。

ここでいう発達課題とは人間の生涯発達課題をいい，学習面，キャリア面，個人・社会面，健康面の課題をいう。

適応とは個性化（自己の内面を志向しながら自己を確立・実現していく過程）と社会化（社会や他者を志向しながら周りに適応していく過程）を意味する。

リレーションとは被援助者と援助者間の信頼と敬意に満ちたパーソナルな

人間関係の体験過程と，役割と役割の関係，すなわちソーシャルな人間関係過程をいい，両者が自己注視・自己理解しながら意味と深みのある人生の一コマを共に生きる過程をいう。

態様別とは，被援助者の問題に応じて，健常な個人または集団を対象にした場合に，効果的かつ効率的な方法をとるという意味である。

以上の定義を踏まえたうえで，「構成的グループエンカウンターは開発的カウンセリングの一形態であり，健常な参加メンバーがグループ状況でエンカウンターを実現するという発達・成長志向の開発的・教育的な集中的グループ体験である」と位置づける。

3　心理療法とカウンセリングの識別

(1)　カウンセリングと心理療法を識別する理由

文部科学省の指定する教職課程に「教育相談及びカウンセリング」科目があり，これは「必修」科目になっている。同省はすべての教職者はカウンセリングの素養を学修することが前提であるという見解に立っている。

ここでいうカウンセリングは，心理療法ではない。同省が学校教育に教育相談ないしカウンセリングを導入した理由は，対症療法的な生徒指導から脱却し，積極的な生徒指導を展開するためであった。それにもかかわらず，カウンセリングを学んだ人々が心理療法家のように治療モデル，すなわち個体内（intra-personal）志向のカウンセリングに偏向した実践をすることが少なくない。これは，カウンセリングへの誤解が生じる一因となっている。臨床心理学を学習した臨床心理士の有資格者が，「スクール・カウンセラー」と称して「学校におけるカウンセリング」の専門家と見なされているのがその例であると考えられる。

両者を識別するために，心理療法とカウンセリングの対象と目的，査定法，介入法の相違（國分，前掲書，大塚，2004）について記述する。

① 対　象

心理療法の対象は心理疾患，心因性の身体疾患，人格障害といった病理問

題（pathological problems）を抱えている人が主である。現実原則に従えないほどに自我が弱い人である。一方カウンセリングの対象は，問題を抱えたり苦境にありつつも，トレランスと柔軟性と現実検討能力を有する健常者が主である。

② 目 的

心理療法の主たる目的は治療（ないし治癒）及び適応調整である。一方カウンセリングの主たる目的は，人間成長の援助と開発，発達課題達成の促進，問題の予防と発達課題の解決不全の援助である。

③ 査定法

心理療法における病理問題の査定法は臨床アセスメント（clinical assessment）といい，無意識界のアセスメントを要するので投影法が主である。一方カウンセリングでは，無意識界の査定を必要とする場合は希であるので，意識レベルあるいは潜在意識レベルの心理・教育的アセスメント（psycho-educational assessment）を行う。これを用いて問題発生の機序の解明（etiology）に迫る。

④ 介入法

ここでいう介入法とは，問題に対する処置・対応（treatment）の意味である。心理療法の介入法は臨床心理面接（例：夢分析，箱庭療法，催眠療法）であり，無意識レベルに及ぶ。カウンセリングの場合はカウンセリング面接やガイダンス，サイコエジュケーション，コンサルテーションが介入法の主たるものになる。

(2) 心理療法とカウンセリングを支える知識体系と方法の相違

心理療法を支える知識体系は，臨床心理学を核にして，神経心理学，精神病理学，または精神医学を支えにしている。一方，カウンセリングはカウンセリング心理学を核として，教育心理学，学校心理学，社会心理学，職業心理学，産業心理学，組織心理学，発達心理学，リハビリテーション心理学，教育学，文化人類学の知見を取り入れている。

大塚（2004）は，臨床心理学は「心理臨床学」への転換（医学パラダイムから心理臨床パラダイムへの視座の転換）を促進させているという実態を指摘している。「実践の学」としての臨床心理学，または心理臨床学は治癒（負から正の体験と癒し）を重要視している。この点では教育臨床と類似しているが，それぞれが独自性をもっていると言及している。

下山（2004）は，英国との比較による日本の臨床心理学の特徴（課題）は，英国では clinical psychology, counselling, psychotherapy の3者の目的と機能が分化しているが，日本の場合は混在したまま，いわゆる「臨床心理学」が存在していると指摘している。

(3) 伝統的カウンセリングの問題点

伝統的カウンセリングの問題点を挙げれば，臨床心理学とカウンセリング心理学の相違や心理療法とカウンセリングの相違について，カウンセリングの研究者・実践者が明確にしていなかった，という問題点を挙げることができる。

次に，心理療法のトリートメントは無意識レベルにまで及ぶので，個別アプローチが主であることは周知のことであるが，カウンセリングの場合は潜在意識ないし意識レベルであるので，開発的・予防的モデル（教育モデル）のグループ・アプローチが十分可能であるといえよう。

さらに言及すれば，現代のわが国の少子高齢化社会の今日的課題の解決には，グループ・アプローチが効率的・効果的であろうと考える。

第1章　わが国における伝統的カウンセリングの問題点と構成的グループエンカウンター

第3節　カウンセリングの第三勢力の誕生とエンカウンター

　本節では「構成的グループエンカウンター」の源流について記述するとともに，わが国におけるSGEが提唱されるに至る経緯とその特徴について言及する。

1　エスリン研究所（Esalen Institute，カリフォルニア州ビッグ・サー）

　政治学者，ジャーナリストであり，『ヒューマニスティック・サイコロジー』誌の編集委員を務めるアンダーソン（Anderson, W. T.）は『エスリンとアメリカの覚醒』（1998）を著した。
　彼は本書の中で次のように記述している（182-183頁）。

　「マズロー，A. は『第三勢力』（フロイディアンと行動主義の体制派への反抗）と彼が呼んだものの偉大な保護者であった」
　「アンソニー・スーティッチとマズローが協力して『ヒューマニスティック心理学』誌の創刊号を1961年発刊した。1963年には『アメリカ・ヒューマニスティック心理学会』がその第1回大会をフィラデルフィアで開いた」
　「1968年頃にはヒューマニスティック心理学者といえばグループをやる人だという印象が広まった」
　「ヒューマニスティック心理学とエスリン研究所とはほぼ同義語だと考えられていた」

　カリフォルニア州ビッグ・サーにあるエスリン研究所は，ヒューマニスティック心理学の成立に多大の影響を与えた。この機運の中で，エスリンでは「オープン・エンカウンター（open encounter）」が主流であったといえる。

2 シュッツの「オープン」エンカウンターから「構成的」エンカウンターへ

アンダーソンの前掲書において，訳者，伊東博は「あとがき」でこのように叙述している（334頁）。

「結局は，ゲシュタルト療法はここで成立し，ここから世界に発信された。フリッツ・パールズは，この本の主演男優のごとくである。またウィリアム・シュッツのオープン・エンカウンターも，ここで名乗りをあげ，これまたここから世界中に広がっていった。当然日本にも入ってきたが，……構成的グループ・エンカウンターも，ここエスリンにその源流を求めることができる」

シュッツ（Shutz, W.）がエスリンにやって来たのは1967年であった。彼はエスリンでエンカウンターのワークショップを担当していた。

シュッツのオープン・エンカウンターの特徴は，エクササイズを使用するもの（ロジャーズのエンカウンターは「計画された演習」を用いない）であった。「オープン」とは「ほかの方法にも開かれている」（折衷的）という意味である。

彼はUCLAで博士号を取得した社会心理学者であり，グループの実践はTグループから入った。エンカウンターの最初の実践はハーバード大学であった。言葉の行き詰まりや対人的葛藤で，リーダーやメンバーのエネルギーを数時間分消耗させてしまう欠点を改善するために，アサジオーリ（Assagioli, R.）のサイコシンセシス（Psychosynthesis）からイメージワークを，生体エネルギー法から情動解消の技術を，心理劇から行動化の方法を導入した。Tグループやロジャーズのベーシック・エンカウンターなどと区別できる新しい名称を提唱した。これが「オープン・エンカウンター」である。

オープン・エンカウンターは彼の著書で紹介された。『よろこび：人間の

アウェアネスを拡大する』である（149-160頁）。

> 「この本のテーマはよろこび feeling good である。ここに提示される理論と方法は，よろこびを得るためのものである。よろこびは自分の可能性を充足したときに起こる感情である。可能性が充足されれば，環境に対処できるという感じが得られる。自分は重要な人間で，有能であり，愛すべき人間であり，どんな状況が起こってもそれに対処することができ，自分の能力を十分に発揮することができ，その感情を自由に表現することができるという自信が湧いてくる」

國分はフルブライト交換教授として2回目の渡米をした（1973〜74年）。母校ミシガン州立大学大学院で教鞭をとったが，授業の一つはエンカウンターであった。それが機縁で彼はベーシックではなく，オープン・エンカウンターの流れに沿ったものにもふれ，彼は帰国後，70年代後半からわが国でエンカウンターを実践し始めた。

國分は日本相談学会が招聘した米国人教授 Dr. Walter Johnson のグループ・カウンセリングに関する記念講演から示唆を得た。グループ・カウンセリングには構成されたもの（structured）と非構成（non-structured）のものがあるという内容である。その後，國分は自分の実践しているエンカウンターを「構成的グループエンカウンター」と提唱するようになった。

3　構成的グループエンカウンター

構成的グループエンカウンター（Structured Group Encounter；略称 SGE）は，グループ状況でのエンカウンターが「構成」されている。構成とはエクササイズを使用したり，そのためのグループ・サイズや時間を指定するといったように場面設定（条件設定）をするという意味である。

SGE で用いるエクササイズは，メンバーの自己開示を促す課題のことである。ジェネリック SGE のエクササイズは，ゲシュタルト療法の技法をエ

クササイズ化（Stevens, J. O., 1971, Perls, F., 1973）したものが多い。エクササイズはメンバー相互の自己開示を介して，自他理解や自己受容，感受性，自己主張，信頼体験，役割遂行の促進をねらいとしている。いずれのねらいも「感情体験を伴った気づき（experiential awareness, experiencing）」を重視している。SGEはこの気づきを基盤にしながら，「ふれあいと自他理解」を目的としている。

(1) 構成的グループエンカウンターの特徴
(1) SGEは開発的カウンセリングのグループ・アプローチの一形態である。これは文化的孤島における集中的グループ体験であり，「ふれあいと自他理解」を目的としている。究極的な目的はメンバーの人間成長の促進にある。
(2) 対象は健常者であり，自己啓発や自己変革を求めている人々である。
(3) SGEには，次に挙げる4原則がある。
　① 第一は，ペンネームをつけること。「遅まきながら，自分で自分に命名する。この人生の主人公は私であり，私の人生が如何なるものであっても，それを生きるのは私である。私たちの名前には親の期待が多分にこめられているが，素の自分というか，地の自分（ありのままの自分）でいられるような名前をつける」という，実存主義の在り方生き方を打ち出しているエクササイズである。
　② 第二は，全体シェアリング（community group sharing）である。シェアリングには2種類ある。エクササイズに取り組んだ直後に行う短時間のもの（ショート・シェアリング）と，この全体シェアリングである。これには1セッション（60～90分）をあて，エクササイズはしない。「みなさんが家を出られたときから始まって，ここへ来てからは，いろいろなエクササイズに取り組みました。そこで現時点までの間で『感じたこと気づいたこと』を自由に話してください」というリーダーのインストラクションで始まる。全体シェアリングのねらいは，認知の修正と拡大である。集団の中で起きた問題は，集団の中で解決するという原理

に由来している。必要に応じてリーダーは能動的に介入する。
③　第三は，役割遂行である。メンバーは一人一役（例えば学習環境係，点呼係，サービス係）で，ワークショップの運営を担う。これは役割を介して他者と交流する（social relation），隠された役割（hidden role）に気づくことをねらっている。役割理論に基づいている。
④　第四は，リチュアル（ritual）である。原義は宗教上の儀式であるが，ここでは集団のメンバーが共通の行動様式をシェアしあうという意味である。SGEではメンバー全員と握手をする機会を複数回設定する。例えば「これから始まるワークショップ，よろしくお願いします」（＝出会いの握手），「今日一日よろしくお願いします」（＝はじまりの握手）がそれである。

(4)　構成的グループエンカウンターには，ジェネリック（generic）SGEとスペシフィック（specific）SGEの2種類がある。前者は(1)(2)(3)を踏まえ，自己陶冶をめざす成人対象のものであり，後者は学校教育などの授業時間で，通常（普通）学級の児童生徒を対象にして行われるものである。

(2)　現代社会における構成的グループエンカウンターの必要性

わが国においてSGEを提唱し実践してきた國分（1981）は，次のように述べている。
(1)　第一に，人口移動が激化し，多くの人々は表面上の親しさはあっても，自己疎外と慢性の孤独感にとりつかれ，生きがいや活力を感じられなくなる（実存神経症のはじまり）。ここにSGEの必要性がある。すなわちSGEは自己疎外や慢性の孤独感からの脱却，生きがいや活力の回復を可能にする。
(2)　第二に，現代は組織の時代であるので，多くの人々は組織人（Organization Man）になり，役割とシナリオ（期待）によってホンネ（あるがままの自己）を抑圧してしまう。SGEは組織人から自己を解放する一助になる。
(3)　現代では大半が核家族であり，感情交流の対象が少なくなってしまう

とともに，感情交流が表層的になった。すなわち心の奥深いところでのつきあいができなくなってしまった。ここにSGEの第三の必要性がある。SGE体験それ自体が，感情交流体験そのものなのである。

(4) 第四に，わが国の経済は豊かになり，人々の自己保存本能が満たされるようになると，人々の中に高次元の欲求が生まれてきた。人間関係の欲求（愛情と承認の欲求）や自己を実現したいという欲求が生まれるようになり，これに応える必要性があった。SGEはメンバー相互の愛情・承認欲求を充足し，ホンネに生きるので「あるがままの自己」を実現することになる。

(5) 現代社会では個人主義が浸透し，相互の甘えあい(interdependency)が少なくなってきた。ここにSGEの第五の必要性がある。甘えは母子一体感の回復のことであり，SGEではメンバー相互で甘え欲求を満たしあうのである。

防衛機制の少ない人間関係が安定感と成長への勇気の根元になる。これはサティ『愛と憎しみの起源』(1986)の示すところである。

第 2 章

構成的グループエンカウンターに関する文献研究

　本章では，サイエンティスト・アンド・プラクティショナー（実践もできる研究者）の見地から，集中的グループ体験である構成的グループエンカウンターに関する文献研究について述べる。本文献研究の意図は，先行研究のどこを補い，どこを参考にするかを検討し，本研究の意義を明確にするところにある。
　第1節で「SGE 効果の研究」，第2節で「SGE 体験の研究」，第3節で「人間関係プロセスに関する研究」，第4節で「SGE のリーダーシップに関する研究」を取りあげる。

第2章 構成的グループエンカウンターに関する文献研究

第1節 SGE効果の研究
―プログラムと行動変容―

　プログラムは構成的グループエンカウンター（SGE）の「構成」の主要素である。著者の実践的知見から述べれば，どのようなプログラムのSGEを行うかは，参加メンバーの行動変容に影響するといえる。

　本節で述べる「プログラムと行動変容」に関する文献研究では，次の内容に関する先行研究のあることがわかった。

① 　エクササイズの定型化に向けたプログラム評価
② 　SGEの効果研究として，SGEが参加メンバーの人間関係能力（interpersonal skill）の向上にもたらす効果，Y-Gテストの12性格特性の変容や絵画表現の変化に及ぼす影響
③ 　SGEが不安に及ぼす影響，SGEが自己概念（自己記述，自己認知）やその主成分であるセルフ・エスティームに及ぼす影響，基本的信頼感への影響

　以上の文献研究から得た結論を述べると，以下のようになる。
① 　SGEが行動変容に及ぼす影響を検討する場合，エクササイズの集合であるトータルなプログラムが行動変容に影響を及ぼすという意味に考える。すなわち，プログラムの全体的な目標（意図）と定型化されたキー・エクササイズを明確にし，さらに目標の異なるプログラムを複数用意し，試行した結果で，Y-Gテストにみる性格特性への影響を検討することが必要であると考える。
② 　SGEが不安や自己記述・自己認知やセルフ・エスティームに及ぼす影響を検討する場合，集中的グループ体験であるSGEグループ過程・個人過程との関連性を解明する必要がある。

　以上を踏まえ，筆者は，SGEプログラムの内容（目標と行動基準とキー・

エクササイズ）を変えた場合に，Y-G テストの性格特性の何がどう変化するかを解明することに関心をもった。このことは，プログラムのキー・エクササイズがどの性格特性に，どのように影響するのか，どの性格特性には影響しないのかを解明することにつながる。

また筆者は，参加メンバーの人間成長，すなわち適応の促進（例：人間関係能力，個性化・社会化）に及ぼす影響について明らかにすることに関心をもった。このことは，プログラムのキー・エクササイズが適応の何に対して，どのように影響するのかを明らかにすることにつながる。

では以下に，SGE のプログラムと行動変容に関するおもな研究を述べる。
＊＊＊
國分・菅沼（1979）「大学生の人間関係開発のプログラムとその効果に関するパイロット・スタディ」は，大学生の人間関係能力（inter-personal skill）を促進するのに意味があると認知するエクササイズの発見と，それらのエクササイズ（プログラム）が行動変容に及ぼす効果について研究を行った。同研究は **SGE 研究における最初の研究**であるとともに，SGE 研究の本質的方向（ベーシック・エンカウンターグループにはない，エクササイズと行動変容との関連性）を示した研究といえる。

参加者が自分にとって有意味だと認知したエクササイズは，①傾聴訓練，②自己主張訓練，③リレーションづくり，④心理テストへのフィードバック，⑤レク活動，⑥エゴグラム，⑦非言語的表現訓練，⑧金魚鉢方式の集団討議，⑨コインゲームであった。

SGE から得たと参加者が認知したものは，①自分の殻を破ったこと，②うちとけられたこと，③性格上のアドバイスを受けたこと，④気づいていなかった自分に気づいたこと，⑤行動の変容が起こったことであった。

Y-G テストに表れた行動の変容は，5 特性について有意差が見出された。抑うつ性，劣等感，神経質の減少と，支配性，協調性の増大であった。

國分らは，「inter-personal skill の変化を測定するのに，なぜ Y-G テス

トや UPI などのパーソナリティ・テストを用いるのかが問題になる。すなわち validity の問題（construct validity 問題）である。……筆者らはかつて人間関係尺度を考案・発表したが，目下それを検討中である」「これまでの実践を通してこれらの道具には，人間関係能力に対する concurrent validity と predictive validity があると思われる」と，同研究上の改善点を指摘している。

※Y-G 性格検査……ギルフォード, J. P. らが開発し，矢田部達朗らが1954年に日本人向けに改訂し，それを辻岡美延が1957年に標準化した。12下位尺度，120項目からなる。発行所は，日本・心理テスト研究所。

* * *

次に國分ら（1987）は，プログラム評価（「おもしろくて，ためになる」）を独立変数にし，Y-G の因子得点及び性別，描画における自己イメージを従属変数として研究し，以下のような研究報告をしている。

(1) two-tailed t-test で性差による効果を比較したところ，プログラム評価の平均値に有意の差が見出されたエクササイズは，45エクササイズのうち二つであった。すなわち「簡易内観」と「膝枕」であった。

前者は男子学生よりも女子学生のほうが評点が高かった。後者では反対であった。残りの43エクササイズについては，その評点に男女の相違を見出すことはできなかった。また，評点分散の度合は男女間に相違があるかどうか，F検定を行ったところ，有意の差が見出されたエクササイズは14あった（全エクササイズの31％に相当する）。さらにエクササイズ全体については，t検定値もF検定値も有意の差は見出されなかった。

これらの結果から，國分らは「傾向として指摘できることは，女子学生は自己主張を要するエクササイズでは罪障感か自己嫌悪かに落ち込むように思われることである」「簡易内観については女子学生のほうが男子学生より評点が高く，評点の分散度も小である。両親への negative な感情が男子よりも多いからではないかと推論したい。それは日本文化では女性は被拒否感を体験する場面が多いからといえないだろうか」と考察をしている。

※two-tailed t-test……両側検定のこと。パイロット・スタディ（明確な仮定が立てられずに，とりあえずどうなっているかを調べてみようという段階の研究）の場合に，この検定をして有意の水準を示す。

(2) 國分らは，SGE のプログラム評点と Y-G テストの因子得点との相関行列表から，男女のプログラムに対する反応の相違について，以下に挙げるような傾向を読みとっている。

　Y-G テストの「協調性 Co」因子では，男子学生ではエクササイズ「墓碑銘」「キャンプ・ファイヤー」「全体ミーティング（全体シェアリング）」を，女子学生では「ボディ・タッチ」が自分にとって意味あるものと評価する傾向が高くなっている。

　「神経質 N」因子では，得点の低い女子学生ほど「役割分担」「自己概念」「簡易内観」を，意味あるものと評価する傾向が高くなっている。得点が高い男子学生ほど「心理テスト」を意味あるものと評価する傾向が高くなっている。

　「一般的活動性 G」因子では，得点の高い男子学生ほど「オリエンテーション」「墓碑銘」を，意味あるものと評価する傾向が高くなっている。得点の高い女子学生ほど「自己概念」「未完の行為」を，意味あるものと評価する傾向が高くなっている。

(3) 國分らは，男子学生と女子学生とのプログラム効果の比較をしている。男・女性差という文化的枠組が，プログラム効果にどのように影響するかについて検討するためである。

　Y-G テストのパーセンタイル平均で男・女の行動変容を比較したところ，男性のほうが女性に比べて，行動変容の程度が大きいことを見出している。「このことは男性は許容性や柔軟性のある態度でグループエンカウンターに参加していたことを示唆している」「一方女性は懐疑的・固執的な態度を崩さず本グループに参加していたことを示唆している」。「しかし，この差は Y-G テストの結果を分散分析したところほとんど差はなかった。唯一協調性において有意差が見出された」「女性は自分を含む環境と和解ができてい

ない状態にあり，男性は思い切りよく環境へとけこんでいる一方，女性は抵抗を持ったためと思える」と報告している。

(4) 國分らは，参加者の絵画表現では，男子学生と女子学生を比較した場合，何らかの相違があるかどうかを，パイロット・スタディ・レベルの検証を試みた。絵画には参加者の無意識的傾向が表現されるとの前提に立って，絵画解釈の根拠はユング心理学に求めた。絵画のモチーフは「今の自分」で，参加者の行動変容と比較的関係のある38の表出形態（例：マンダラ，花，人物の数，色の数，太陽）が用意され，統計的処理が行われた。描画作業は2回にわたって求めた。

以下に示すような結果が見出された。「女子学生は男子学生よりも使用する色の数が初回も2回目も多かった」「女子学生は男子学生よりも『花』を用いて自己を表出する傾向が初回も2回目もみられた」「男子学生は女子学生よりも『道』を用いて自己を表出する傾向が初回も2回目もみられた」「マンダラの表出数は初回も2回目も男女別に有意の関係は見出されなかった」「男女共に初回と2回目とで表出数が顕著に増加したのは『太陽』であった。但し初回と2回目の表出数の差と性別とには有意の関係はなかった」。

これらの結果について，「SGEを計画するとき，男子用のエクササイズ，女子用のエクササイズと区別する必要はないのではないかと考えられる」「女性には『花』を用いた自己表出が多かった。花は女性性を表し，これは女性が自分の中の女性性に気づいたことを示唆していると思われる。男性は『道』を用いた自己表出が多かったが，これは男性の自立を示唆していると思われる」「男女共に『太陽』の絵が増加傾向を示している。これは自我を超えるセルフのイメージ，つまり意識と無意識の統合への動きを示唆していると思われる」「太陽，月，マンダラ，ハートの表出数を合計して男女を比較しても差がないことから推論できることは，性別と人格変容の関係に有意差は見出せないということである」と，考察が報告されている。

* * *

中山・片野・吉田（1993）は，「不安」に対するSGEの効果についてリ

サーチを行った。埼玉県内の高等学校の希望者女子20名を対象に2泊3日の「ふれあいセミナー」と称するSGEワークショップを行った。

使用した尺度は「山本・不安尺度質問紙」と「EPPS」であった。山本尺度は「成長不安」と「抑制不安」の2因子構造からなる。EPPSは欲求・価値観を核にした，15特性を測定するパーソナリティ・テストである。

山本尺度の予備調査を，県内の高校生158名（男子78名，女子80名）を対象に行ったところ，成長不安はポジティブ成長不安とネガティブ成長不安の2因子に分かれた。抑制不安は神経症的不安，学校対人不安，非承認不安の3因子に分かれた。

高校生女子20名を対象にした集中的グループ体験SGEの事前と事後の不安得点を，対応のある差のt検定をしたところ，有意に神経症的不安は低減し（P<.001），ポジティブ成長不安とネガティブ成長不安は肯定的な方向に変化したと報告されている（P<.01）。

また，神経症的不安とポジティブ成長不安の2側面で，肯定的な方向に変化したものと，変化のみられなかったものに分けてEPPS得点を比較し，両者のパーソナリティの相違について調べた。神経症的不安ではEPPSの「達成」「自律」「持久」得点の高いものは，低いものに比べて有意の差が見出された。ポジティブ成長不安では，EPPSの「養護」「変化」「持久」「異性愛」得点の高いものは，低いものに比べて有意の差が見出されたと報告している。このことは，欲求・価値観を核にしたパーソナリティの視点から述べれば，成長不安と抑制不安は，SGE効果の現れ方に違いがあることが示唆されたと報告されている。

※山本・不安尺度質問紙……山本誠一（1992）．青年期における不安の二側面に関する実証的研究，心理学研究，63，8-15．
※EPPS性格検査……Edwards, A. L. 著，把田野直・岩原信九郎・岩脇三良・杉村健・福原眞知子訳編（1970）．日本文化科学社

＊＊＊

ベーシック・エンカウンターグループの創始者，ロジャーズ（Rogars, C.

R. 1973)は集中的グループ経験においても，サイコセラピーと同様に自己受容は変化（自己概念の肯定的な変化）のはじまりであると指摘している。

宇田川（1981）は，エンカウンター・グループにおける自己概念の変化の研究を行った。12対の形容詞からなる集団意味差異の質問紙を用いて，初参加者と再参加者の間の自己概念の変化において有意の差を見出している。

片野・堀（1992）は，SGEの効果研究の一つとして，参加者の自己記述（self-descriptions）の変化を調べた。

2泊3日のSGEワークショップに参加した高校2年生女子19名に対して，自己概念査定法"Who am I"技法（「20答法」）を用いて，preとpostに回答を求めた。教示は「『自分のこと』ということで，あなたの頭に浮かんできたことを，20個以内で『私は』に続けるようにして書いてください」と行われた。

自己概念（ないし自己イメージ）は，個人の行動を決定する内的準拠枠としての機能が重視され，久しく研究が積み重ねられてきた。自己概念が歪んだり，ネガティブな自己概念が形成されると，過小評価，自己卑下，自信喪失，劣等感情，無気力，対人関係障害などの不適応行動が現れるといわれている。そこでWAI反応として得られたpreの230の文章とpostの184の文章を，質的側面（肯定的内容と否定的内容と中立的内容の3側面）から分類し，その文章数の変化を調べた。

その結果，「自己の特性」と「対人関係」のカテゴリのWAI反応において，肯定的内容が否定的内容に比べて，その文章数が有意に増加していた。「自己の特性」カテゴリの中の「対人態度」「生活感情」といった下位範疇の肯定的内容が，否定的内容に比べて，その文章数が有意に増加していた。このことは，参加者の自己概念が，ポジティブな方向に変化していることを示唆していると報告している。

片野・堀（1992）は，同じ研究対象に対して，自己概念査定法（Self-Differential）に準拠した簡易版（4カテゴリ構成）を用いて，preとpostにおいて調査した。その結果，3カテゴリ「情緒安定性」「誠実性」「強靭性」に

有意の変化が見出された。「向性」カテゴリでは有意差はなかったと報告している。また，セルフ・エスティーム尺度を用いて pre と post において自尊感情の変化を調べたところ，ポジティブな方向での有意の差を見出されたと報告している。

※Who am I 技法（20答法）……Kuhn, M. H., & McPartland, T. S.
※自己概念査定法（Self-Differential）……長島・原野・堀ら（1965, 67）.
※セルフ・エスティーム尺度……Rosenberg, M. J.（1965）.

＊＊＊

田島・加勇田・吉田・朝日・岡田・片野（2001）らは，成人48名（男17名，女31名）の参加した2泊3日のSGE体験ワークショップの pre と post，及びワークショップ終了後4カ月経過した時点（followup）と，3回にわたって参加メンバーのセルフ・エスティームの変化について調査した。使用した尺度はローゼンバーグの著したものである。

その結果，pre と post 間，pre と followup 間に有意差が見出され（P<. 01），セルフ・エスティームが肯定的な方向に変化した。また10項目構成の尺度のうち，肯定的な表現をしている8項目（Positive）得点と，ネガティブな表現をしている2項目（Negative）得点と，全10項目（Total）得点を多重比較したところ，それぞれの分類において，pre と post 間，pre と followup 間に有意差が見出され（P<. 01），セルフ・エスティームが肯定的な方向に変化した。田島らは，これらの結果から，メンバー相互の受容・被受容体験がセルフ・エスティームの肯定的変化をもたらしたのではないかと推論している。

またネガティブな表現をしている2項目（「自分は全くだめな人間だと思うことがよくある」「何かにつけて，自分は役に立たない人間だと思う」）の得点が pre と followup 間で有意の肯定的変化をしているところから，参加メンバーの自己開示行動や自己主張行動が，現実社会においても学習転移が生じているからではないかと推論している。

※セルフ・エスティーム尺度……Rosenberg, M. J.（1965）.

第2章　構成的グループエンカウンターに関する文献研究

***

　田島・吉田・片野（2003）らは，2泊3日のSGE体験ワークショップ（2回実施された）の参加者76名（男25名，女51名）を対象に，信頼感の変化について調査した。調査目的は，自己開示を促進し，自己受容・他者受容を可能にする要因が何であるかを調べるところにあった。

　使用した尺度は「谷・基本的信頼感尺度」で，これは「基本的信頼感」を計る6項目及び「対人的信頼感」を計る5項目から構成されている。

　調査はワークショップに入る直前，全セッション中の間に3回，ワークショップ終了直後と，計5回行われた。

　基本的信頼感においては1回目と4回目との間，1回目と5回目との間で有意差が見出された。対人信頼感においては1回目と5回目との間で有意差が見出された。

　以上の結果をもとに，田島らはメンバー相互の信頼感と，自尊感情・自己開示及び自己受容・他者受容の3者の間の交互作用の存在を推論できると報告している。

※谷・基本的信頼感尺度……谷冬彦（1996）．基本的信頼感尺度の作成，日本心理学会第60回大会発表論文集，310．

***

　ロジャーズ，C. R.（Rogers. C. R. 1973）は，これらのメンバーの種々の行動の変化が，グループそのものの中で起こることを指摘している。

　彼はこのような例を挙げている。「グループ経験においてもサイコセラピーと同様に自己受容は変化のはじまり」「身振りが変わる」「話す声の調子が変わる」「感情がこもってくる」「自発的になる」「共感的で忍耐強くなる」「自信が強くなる」「誠実な関係をもつようになる」「好き嫌いを，よりあからさまに表明するようになる」「自分の無知を認めやすくなる」「他人を援助したくなる」「他者のフィードバックによって自分が他人にどう映っているかを知る手掛かりを数多くうる」と。

***

第2節 SGE 体験の研究 ―体験的事実と抵抗―

　筆者は，SGE グループ体験の体験過程を検討する一方法として，SGE グループ過程尺度や SGE 個人過程尺度を開発して，SGE グループ過程の変化，SGE 個人過程の変化を解明するところに関心がある。このことは，SEG が，個人の成長に及ぼす影響を検討する際に，欠かせない要素と考える。

　では，SGE グループ体験とはいかなるものであるか。参加メンバーはいかなるグループ体験をしているか。すなわち SGE グループ体験の体験的事実を明らかにすることは，SGE グループ過程及び個人過程を解明することにつながるであろう。そこで本節では，SGE グループ体験についての文献研究を行う。

　文献研究の結果を要約すると，以下のようになる。

① 「体験的事実」として，他者理解の広がり・深まり，他者へのポジティブな感情体験，セルフ・エスティームの高まり，改善への動機づけ，他者の見方・受けとめ方への気づき，自己の問題への気づき，行動変容への気づき，自己表現行動，積極的な関係づくり行動，自己開示行動，内的体験が収集されている。

② SGE 体験には抵抗の体験が含まれ，それが自己盲点への気づきや自己分析につながる。具体的な抵抗として，「構成への抵抗」「変化への抵抗」「取組みへの抵抗」といった体験がある。

＊＊＊

　片野（1994） は2泊3日の SGE 参加者（高校2年生女子19名）の **「体験的事実」** を収集し，KJ 法によりカテゴライズした。体験的事実とは「意識化され言語表現された内的体験」という意味である。体験的事実の収集のた

第2章 構成的グループエンカウンターに関する文献研究

めに,3種類の自由記述法による回答を求めた。

その1(自分のためになったと認知する他者の対人行動の内容)
「パートナー(もしくはグループのメンバー)のしたこと(言ったこと)のなかで,自分のためになったと思うことを具体的に挙げてください」

その2(自己に関する気づきや発見の内容)
「自分自身について,気づいたこと,発見したことを具体的に挙げてください」

その3(今までに見られなかった反応や行動の発現,自分の殻を破るような新しい行動の発現)
「今までの自分のカラ(殻)を破るようなアクション(行動)をしたと思う人は,それを具体的に挙げてください」

その結果,以下のような体験的事実のカテゴリ名が報告された。

●その1に関するカテゴリ名

「他者理解の広がり・深まり」「他者へのポジティブな感情」「セルフ・エスティームの高まり」「改善への動機づけ」「他者の見方・受けとめ方への気づき」

自由記述の例:「自分は友達とすぐおしゃべりできます。人と話すようなことは何気なくやっています。でも,友達としゃべるのが苦手で悩んでいる人がいることを知った」「自分だけが苦しいとか悲しいなどと一人で思い込むことがあるが,友人にも同じようにあることがわかった」「私の長所や短所を気づかわずに言ってくれたので,すごくうれしかった」「今まで自分はダメだと思っていたが,仲間に『自分に厳しすぎる』と言われて,少し気持ちが楽になった」「人のはいる隙がないという私の短所をはっきり言ってくれたことが,とても自分のためになった。突っ張って生きてきた今までの自分に終止符をうちたいと強く思った」「自分の印象はあまりよくないと思っていたら,メンバーに,第一印象が話しやすそうだった

と言われて，自分のみる自分と他人のみる自分のちがいに気づいた」
● その2に関するカテゴリ名
「自己の問題への気づき」「行動変容への気づき」「その他」
　自由記述の例：「他人のいい点をその人に伝えることに抵抗を感じていた自分」「ものごとを軽くしかとらえていない自分」「はじめて人に心うちとけて話せた」「タイプの違う人同士でも理解しあえることを実感している」「自分とはあわないと思い込んでいた人に対しても積極的に出られた」
● その3に関するカテゴリ名
「自己表現行動」「積極的な関係づくり行動」「自己開示行動」「内的体験」
　自由記述の例：「誰も何も言わない静かなときに，自分からすすんで一番に発言した」「自分からグループを出て，知らない人のグループに入れた」「初対面の人の目を見て話した。『目がやさしい』と言われてうれしかった」「今まで恥ずかしくて自分一人の秘密にしていたことを話した」「へんなプライドを捨てられた」「人前で泣けた」「自分がバラバラに崩壊したような気持ちだった。バラバラになった自分は『うそ』の自分だった」

＊＊＊

　國分（1997）はSGEの豊富な実践から，精神力動論の局地的見地に立って，SGEに現れる抵抗として，超自我抵抗・自我抵抗・エス抵抗の3種類を挙げている。
　片野・國分（1999）は，**SGEにおける抵抗**のリサーチをした。ここでいう抵抗は「エクササイズの求める対人行動に対する回避反応」という意味である。エクササイズはSGE構成の主要素である。
　片野・國分らはこれまでの実践の中で，メンバーの中に起こる種々の抵抗に遭遇してきた。抵抗そのものがSGE体験の一要素であると考えていた。これらの抵抗は，メンバーの気づきや行動変容の契機になるので，適切な対応・処置をすることが肝要であると考えていた。
　自主的参加とはいえ，抵抗は最初から存在している。「初めての経験なの

で，どういうことをさせられるのか，始まるまで，緊張と不安でいっぱいだった」「どんな自分が見えてきてしまうのか，怖かった」というような初めての心理体験や，今まで意識したこともない心理面の異常性・病理性が見えてくるのではないかといった不安，緊張，恐れが存在している。

片野・國分は「SGE抵抗尺度」を作成し，片野が講師（リーダー）を務めたSGE研修会（半日・一日・一日半の3形態）に参加した成人241名（男85名，女156名）を対象にして調査した。その結果，次の3種類の抵抗が見出されたと報告している。

> ① 構成への抵抗
> 　「自分のことは話そうとはしなかった」「あたりさわりのない程度にとどめた」「相手がどう思うか気になって，率直に言えなかった」といった自己開示抵抗に関するものや，「エクササイズそれ自体に興味がわかなかった」「指示され，動かされることに嫌な気がした」「エクササイズがバラバラで，関連性を感じられなかった」といった，SGEの構成に関するものである。
> 　SGEでは，エクササイズに取り組むことは自己開示することになる。すなわち自己開示の構成である。リレーションが十分でなかったり，レディネス不足の場合，「開示させられる」「言わされる」という抵抗が生じる。これは構成への抵抗と解釈される。
> ② 変化への抵抗
> 　例えば次のようなものである。エクササイズの内容を聞いて「困難」「戸惑い」を感じたり，エクササイズをしているとき「混乱した」「自分が恥ずかしかった」「自分を見つめるのがつらい」「思うようにできない自分」を感じるといった形で現れてくる。
> 　エクササイズは誘発剤であるので，それに取り組むことで抑圧された感情が誘発される水路を得ることになる。メンバーは，抑圧されている感情そのものを表現することはないが，しばしばこのような感情表現をする。

> ③ 取組みへの抵抗
> 　これはエクササイズをしているとき「自発的になれなかった」「真剣になれなかった」「トライしてみようという気になれなかった」というような形で現れてくる。

　またSGEにおける抵抗は，参加者属性によって違いがあるか，参加者属性の性別，年齢，参加動機，経験の有無，職業ごとに調べた主な結果・考察について報告すると，3種類の抵抗において，性別と年齢では統計的な有意差は見出されなかった。

　しかし一方で，次のような報告があった。

① 「変化への抵抗」では，経験の有無や参加動機の違いによる有意差が見出された。経験のある参加者は，経験のない参加者に比べて，抵抗が弱かった。自己啓発・自己変革の動機をもつ参加者は，最も抵抗が強かった。自分を変えたいとか自分が変わらなければならないという動機が，かえって自己喪失への不安（自分が自分でなくなるという不安）を生じさせ，これが心理的防衛（抵抗）を形成するのではないかと考察されている。

② 「構成への抵抗」では，職業の違いによる有意差が見出された。4領域の職業の中で，抵抗の強いものは産業領域の参加者であり，最も抵抗の弱いものは教育領域の参加者であった。既成概念・先入観・固定観念（ビリーフ）や既成の内的準拠枠の修正・再検討を迫られ，抵抗が誘発される。

③ 「取組みへの抵抗」は，SGEに対する好悪感情やモチベーションにかかわっている。五つの参加者属性のすべてにおいて，有意の差は見出されなかった。嫌悪感情があったりモチベーションが低い場合には，快楽原則を満たそうとする反応が生じてくる。

　SGEにおいては，体験的事実として，抵抗がワークショップの初期から存在しているし，自己啓発・自己変革の動機を有する参加者ほど，変化への抵抗は強いという事実は，行動変容の困難を示唆している。

＊＊＊

第3節 人間関係プロセスに関する研究
―グループ過程・個人過程―

　1節では，SGEがY-Gテストにみる性格特性に及ぼす影響や，不安，自己記述・自己認知やセルフ・エスティームに及ぼす影響に関する文献研究を行った。その場合，集中的グループ体験の体験過程との関連性を解明する必要があることがわかった。

　2節では，構成的グループエンカウンターの集中的グループ体験とはいかなるものであるか，それに関する文献研究を行った。SGEグループ体験の体験的事実を解明することは，SGEグループ過程及び個人過程といった体験過程を明らかにすることにつながることがわかった。

　筆者の関心は，SGEグループ体験の体験過程を検討する一方法として，SGEグループ過程尺度やSGE個人過程尺度を開発して，SGEグループ過程の変化，SGE個人過程の変化を解明するところにある。このことは，SGEが個人の成長に及ぼす影響を検討する際に，欠かせない要素と考える。そこで本節では，SGEの体験過程に関する文献研究を行う。

　結果を，以下に要約する。
① ベーシック・エンカウンターグループの体験過程について，ロジャーズの初期・中盤・終盤の各段階の特徴を概観した。彼自身はこれらを踏まえて7段階の発展的体験過程を設定している。村山自身も7段階の発展的体験過程に関する研究報告をしている。
② SGEの体験過程に関する研究は，未だ十分とはいえない。

　文献研究から得た結論は，SGEの体験過程の研究が，SGEグループ過程における人間関係体験の特徴や，雰囲気やメンバーの感情体験の特徴を明らかにした，という段階にとどまっているということである。個人過程については，ふれられていない。

では，以下にベーシック・エンカウンターグループ及び SGE の体験過程に関する研究を述べる。

* * *

ロジャーズ（1973）は，エンカウンター・グループのグループ過程で，次のような認知的・感情的・行動的側面の交流が発展的に存在すると述べている。

> ① 初期の段階
> 　「グループのはじまりで戸惑い，沈黙，礼儀正しい表面的なやりとり」「一貫性のない発言」「メンバーが相互に見せようとするのは表向きの自己で，その最中で，恐れ動揺しつつも，私的な自己を表明しはじめるメンバーが出てくる」「それに対して抵抗を表明する人が出てくる」「グループの外の過去の出来事・状況・場面にまつわる過去感情が多く話される」。
> ② 中盤の段階
> 　「メンバーからファシリテーターに対して，今ここで実際に動いている直接的な感情，それも否定的感情（例：怒り，不満感）が表明される。否定的であれ個人的感情が表明される」「個人的に意味のある事柄が表明される」「グループ内における瞬時的対人感情の表明」「感情を隠さなくなる」「直接的に『ぶつかりあっている』（対決）」。
> ③ 終盤の段階
> 　あるメンバーに対する否定的感情が徹底的に吐き出されて，「基本的出会い」が起こる。つまり「肯定的感情と親密さの表明」が起こる。「あたたかさ」「グループ意識」「信頼感」が形成される。

* * *

村山（1977）は，エンカウンター・グループの臨床経験に基づいて，グループ過程の発展段階を 7 段階でとらえ，メンバー個人の動き，ファシリテーター

の動き，相互作用のレベル，グループ形成のレベルの4観点から述べている。

　グループが「否定的感情の表明」の段階として特徴づけられる第3段階に発展すると，否定的感情の表明の中で，相互に直接的なホンネのぶつかりあい，かかわりあいが起こる。これを踏まえて「相互信頼の発展」「親密感の確立」「深い相互関係と自己直面」の第4～6段階に発展する。これらの段階の特徴は，「相互に信頼感が増大し，他者への関心，配慮が高まる」「他者に開放的，友好的になる」「素直な心を開きあってのかかわりあい」「厳しいなかにも許容的・受容的な感じが強まり，共存在感が起こる」ことである。終結段階では「満足と感謝を表現したり」「安心感，信頼感，心地好い雰囲気のなかで連帯感を強く感じながら，別れのときを迎える」。

＊＊＊

　片野・吉田（1989）は，以上の研究を踏まえて，集中的グループ体験を通した人間成長を考えたとき，これを促す人間関係の特質を「誇らしい」という自他尊重感に支えられた相互信頼関係と考えた。そしてSGEの実践的知見から，以下のような仮説を立てた。

　このような人間関係は，参加者のなかに初めからあるわけではなく，段階的に積極的・意図的に創造され，形成されると考えた。つまり親和的で自由である初期的な信頼関係をつくり，次に自己を開き他者に問いかけることによって相互理解をめざす。そこから他者の存在価値と意味を見出す。そして新しい自己への挑戦という自己関与が始まり，ここでは自己の人間成長への希望感や期待感を体験する。未知の自己に対する責任を自覚するとき，誇らしいという相互信頼感を体験する。

　片野・吉田は，國分が主宰するインターカレッジ人間関係ワークショップ（SGE体験ワークショップ）に参加した大学生58名（男34名，女24名）を対象に，4日間のセッションの進行とともに，彼らがどのような人間関係を体験しているかを明らかにしようと試みた。また積極的な人間関係を体験した学生群をH群とし，消極的な関係を体験した学生群をL群として，グループ・プロセスにおける両群の人間関係体験の特徴を明らかにしようと試みた。

第3節　人間関係プロセスに関する研究―グループ過程・個人過程―

参加者には「人間関係体験に関する質問紙」(10項目構成, 5件法回答)への回答を4回求めた。

以下のような結果が見出されたと報告している。

全参加者の人間関係体験は, セッションがすすむにつれて, いっそう肯定的, 積極的なものになった。参加者はまず「親和的」な人間関係を体験し, やがて相互理解や相互啓発がすすんで, 終盤では自己尊重感に支えられた相互信頼関係を体験した。

参加者は「自分の考え・気持ちがわかってもらえる」「誇らしい」という項目に象徴される相互理解や相互信頼という体験を, 初期のセッションからではなく, 後半から終盤において体験した。

ワークショップ終了時では, 参加者は「親和的」で「人間的に成長できる」という体験をしていた。

H群の人間関係体験は, セッションの進行に伴い漸進的により肯定的で積極的なものになった。初期から前半のセッションでは, H群は「親しみのある感じ」「前向きの感じ」という項目で表現される, 親和的で相互啓発の人間関係を体験した。後半から終盤では「人間的に成長できるという感じ」「自由な感じ」という項目で表される, 人間的成長における相互依存や心理的に自由な人間関係を体験した。

一方, L群の人間関係体験は, セッションを通じて親和的であったが, H群ほどには相互理解や相互啓発がすすまず, 相互信頼関係を志向しつつも十分ではなかった。

以上の結果をもとに, 片野・吉田は次のような考察をしている。「相互理解や相互信頼は容易に体験できるものではない。相互理解は自己の固有の内面を積極的に他者に伝えようとする行為(self-disclosure)であり, 自己の先入観や価値観にとらわれることなく, 他者の内面を理解しようとし, 理解したことを積極的に伝えようとする行為であると考える。これらの積極的な行為の基盤の上に相互信頼は生まれる」「カウンセリング学習のためのマイクロ・ラボラトリー・トレイニング法を開発した小林(1979)が指摘するよ

うに，他者を自分と同じひとりの『人』として尊重し，積極的な自己関与の勇気ある行為であると考える」と．

※人間関係体験に関する質問紙……片野智治・吉田隆江（1989）．大学生の構成的エンカウンター・グループにおける人間関係プロセスに関する研究，カウンセリング研究，21, 2, 150-160.

* * *

片野・吉田・中山（1993）は，複数の高等学校から希望して参加した高校2年生20名を対象にして，2泊3日の「ふれあいセミナー」（SGE ワークショップ）を実施して，参加者が体験する感情の変化とグループの雰囲気の変化を調べた．

グループエンカウンターは構成，非構成を問わず，過去の体験的事実や感情，今ここでの感情，認知，意志，願望に関するメンバーの自己開示が主である．グループエンカウンターには，メンバーの一時的な混乱や落込み，一時的な同一性喪失，心理的外傷が伴う．このような理由から，グループ過程を把握することは必要であると考え，参加者が体験する感情の変化とグループの雰囲気の変化を調査した．

寺崎・岸本・古賀（1992）らの研究した「多面的感情状態尺度」を参考にして「今の気持ち＆感じる雰囲気」チェックリストが作成され，メンバーに対して期間中に7回の回答が求められた．

●「今の気持ち」チェックリスト
① 課題達成感情カテゴリ……つまらない，だるい（倦怠），ゆったりした（非活動快），真剣な（集中），おもしろい（活動快）といった12の感情語から構成
② 対人感情カテゴリ……むっとした（敵意），気づまりな（非友好），親しみ（友好）があるといった8の感情語から構成
③ 中性的感情カテゴリ……おろおろした（驚愕），こまった（抵抗）といった6の感情語から構成

●「今の雰囲気」チェックリスト

　「ぎくしゃくしている」「あかるい」「おもくるしい」「おだやかな」「真剣な」「あたたかい」といった6の雰囲気から構成

●回答の仕方についての教示

　「あなたの今の気持ちについてお聞きします。1～26の気持ちを表す語の中から、『今はっきり感じている』気持ちを〇で囲んでください。また、『今まったく感じていない』気持ちを傍線で消してください」

　「このセミナーの『今の雰囲気』についてお聞きします。つぎの雰囲気について4件法で答えてください。『はっきり感じている』は3、『少し感じている』は2、『あまり感じていない』は1、『まったく感じていない』は0です」

　前者については、感情語ごとに被選択頻度数を求め、単純集計し、後者については雰囲気別平均値を求め、差の検定をした。

　得られた結果から、「課題達成感情の活動快は前半のセッションで体験される。対人感情の友好は終盤のセッションにかけて体験される。中性的感情の驚愕や抵抗はエクササイズによる」「あかるい雰囲気、おだやかな雰囲気、あたたかい雰囲気は初期のセッションで形成され、以後継続する。ぎくしゃくした雰囲気は前半のセッションで急減する。おもくるしい雰囲気はセッションの進行とともに漸減する。真剣な雰囲気はセッションの進行に伴って漸増する」と考察された。

※多面的感情状態尺度……寺崎正治・岸本陽一・古賀愛人（1992）．多面的感情状態尺度の作成，心理学研究，62, 350-356．
※今の気持ち＆感じる雰囲気チェックリスト……片野智治・吉田隆江・中山明（1993）．ふれあいセミナーのグループ・プロセスに関する研究その1：セミナーの雰囲気とメンバーの感情の変化，日本カウンセリング学会第26回大会発表論文集

＊＊＊

第4節 SGEのリーダーシップに関する研究

　本節では，SGEにおけるリーダーシップに関する文献研究を行う。その意図は，SGEのリーダーシップの特徴を明らかにするためである。
　文献研究の結果を要約すると，以下のとおりである。
① メンバーの抵抗処理のためのリーダー行動として，メンバーとリーダー間のリレーション形成の促進や，メンバーの自己発見・洞察促進を意図したリーダー行動が有効であるという研究報告がある。
② インストラクションにおけるデモンストレーション法や自己開示の仕方の有効性を問う質問紙が作成されている。
③ リーダーの介入法の有効性を問う質問紙が作成されている。
　文献研究から得た結論として，SGEのリーダーには，抵抗処理やインストラクション法（例：デモンストレーションや自己開示の仕方），介入法が必要であると考えられる。

　次に指摘するように，リーダーシップの取り方は，ベーシック・エンカウンターグループと構成的グループエンカウンターでは違う。それがワークショップの効果に影響を及ぼすのは周知のことである。
　これまでの実践的知見から述べれば，リーダーのリーダーシップがメンバーのSGE体験に影響する。すなわちSGEではエクササイズを用いるので，リーダーはプログラミングし，エクササイズに関する効果的なインストラクションをする。
　具体的には，リーダーは設定した目標を達成するために，どのようなエクササイズを使うか，そのエクササイズをどのように配列するかを決める（プログラミング）。効果的なインストラクションを行うために，積極的に自己

第4節　SGEのリーダーシップに関する研究

開示したり，デモンストレーションをしたりする。また全体シェアリングの場面では，能動的な介入（intervention）をする。ここでいう介入とは，応急措置のことであり，その意図は，心的外傷の予防とメンバーの問題解決を援助するところにある。

ロジャーズ，C. R.（1973）は次のように述べ，エンカウンター・グループに演習をもち込むのを避けた。ロジャーズは，メンバーの自発性を尊重したいという姿勢を保った。

「ある種の演習を導入するのを避ける」
「（彼は何とすばらしいリーダーだろう。私は全然その気がなかったのに，私を開いてくれた）それは門弟をつくることになりかねない」
「経験全体の否定を生みかねない（私はなぜ彼の誘いにのってつまらないことをしてしまったんだろう）」
「最悪の場合は，個人の隠された自己がなんらかの仕方で侵された可能性がある」

また，ロジャーズはファシリテーターとしての留意点について，こう指摘している。

「個人が伝えようとする正しい意味を理解する」
「話が一般的であるとか，抽象化されているときには，全体の流れに照らして自己関与的意味合いを選び出すようにしている」
「自分に質問を向けられたときに，私は自分の感情に問うてみる」
「私は自分の気持ちを積極的にさらけ出すことによってのみ，相手と対決する」
「メンバーの言動について解釈しない」

以上のように，SGEのリーダーの役割は，ベーシック・エンカウンター

グループと比較すると能動的だと思われる。

SGEのリーダーに関する研究には，次のようなものがある。

***

片野（1998）は，SGEにおける抵抗を検討した研究のなかで，抵抗予防の実践的見地から，抵抗（3種類の抵抗「構成への抵抗」「変化への抵抗」「取組みへの抵抗」）とリーダーの介入行動との関係について調査した。抵抗の予防とは「メンバーが抵抗に対して能動的に対処できるレディネスをつくることをいい，抵抗を気づきや自己洞察の契機にするとともに，心的外傷の予防をする」という意味である。

片野は「リーダーの介入行動評価質問紙」（10項目構成，5件法回答）を作成し，片野がリーダー（講師）を務めたSGE研修会（平成6～7年，7回の研修会）に参加した241名（男85名，女156名）に回答を求めた。

質問紙は，リレーション形成と自己発見・自己洞察を促進する介入行動に関するもの，10項目から構成されている。項目策定にあたっては，ベーシック・エンカウンターグループのファシリテーション研究と，SGEの國分（1981）や片野の実践的知見を素材にした。前者のファシリテーション研究は，申（1986a，b），中田（1993），松浦・清水（1993）である。

尺度の妥当性を検討するために，まず因子的整合性をみるために，主因子法による因子分析（バリマックス回転）を用いて解析した。また内的一貫性をみるために，クロンバックのα係数を算出した。

10項目の因子構造は2因子であった。第1因子はリーダーの「ジェスチャー・表情」「誠実さ」「自己開示的な発言」といった内容をもつものであるので，**「リレーション促進」**（8項目）と命名した。第2因子は「行動の仕方のヒントが得られた」「気づきや自己発見」といった内容をもつものであるので，**「自己発見・洞察促進」**（2項目）と命名した。

見出された結果は，以下のとおりである。

「変化への抵抗」と「リレーション促進」との間には有意の相関関係が見

出されたが，「自己発見・洞察促進」との間には有意の相関関係は見出されなかった。このことから，変化への抵抗の処置は，リーダーの自己発見・洞察促進の介入行動に比べて，リレーション形成促進の介入行動によって効果的に処置が可能であることが示唆されたと考察している。

「構成への抵抗」は「リレーション促進」「自己発見・洞察促進」との間には，有意の負の相関関係が見出された。つまり，構成への抵抗は，リーダーの「リレーション促進」「自己発見・洞察促進」によって，効果的に対応できることが示唆されたと報告している。

「取組みへの抵抗」は，「リレーション促進」「自己発見・洞察促進」との間に，有意の負の相関関係は見出された。つまり，取組みへの抵抗は，リーダーの「リレーション促進」「自己発見・洞察促進」によって効果的に処置できることが示唆された。

※リーダーの介入行動評価質問紙……片野智治（1998），構成的グループエンカウンターにおける抵抗の検討：抵抗とリーダーの介入行動との関係，日本カウンセリング学会第1回大会発表論文集，200-201．

＊＊＊

最も新しいSGEリーダーのリーダーシップに関するリサーチは3件ある。
(1) デモンストレーション法について
(2) インストラクションにおける自己開示について
(3) SGEリーダーの介入について
の3件である。リサーチの報告を要約する。

本3件の研究対象は，教育関係者173名（男68名，女105名）である。尺度を作成するために，まずSGE体験の豊富な者，40名を対象にして「SGEリーダーの望ましい機能は何ですか。自由記述してください」と回答を求め，それをKJ法によって分類した。

これを基礎資料として，さらにベーシック・エンカウンターグループのファシリテーション研究である，保坂（1983）「BEGにおけるファシリテーターの問題」，野島（1989）「構成的エンカウンター・グループと非構成的エンカ

ウンター・グループにおけるファシリテーター体験の比較」,中田(1993a)「ファシリテーターのあり方とBEGの相互作用」,中田(1993b)「エンカウンター・グループのファシリテーションについての一考察」,中田(2001)「ファシリテーターの否定的自己開示」の文献研究を行った。

(1) SGEリーダーのデモンストレーション法についての研究

橋本・片野(2005)は「SGEリーダーのリーダーシップに関する検討1:デモンストレーション法」で,SGEリーダーのデモンストレーション法(demonstration)についてリサーチした。デモンストレーションとは,リーダーが主としてインストラクションの中で行うもので,メンバーの前で実際に「してみせる」ことをいう。

これまでの実践的知見から,デモンストレーションについて,次のことがいえる。

① デモンストレーションはエクササイズに対する逆制止(嫌悪感情などのネガティブな感情の低減)になり,抵抗が予防される。エクササイズへのレディネス形成になる。
② 取組みへの動機づけになる。
③ エクササイズへの取組みへの了解を促進する。
④ 「百聞は一見にしかず」で,エクササイズへの理解が深まる。

本研究は,SGEリーダーのデモンストレーションの在り方を検討し,デモンストレーション・モデルを提示することを目的としている。そこで「SGEリーダーのデモンストレーション尺度」を作成した。回答は5件法である。

尺度の因子的整合性をみるために,主因子法の因子分析を用い,バリマックス回転を行った。尺度の内的整合性をみるために,クロンバックのα係数を算出した。因子負荷量0.5以上の8項目2因子が抽出され,2因子で全分散の60.8%を説明していた。

第1因子は「これくらいならできそうだ」「納得してエクササイズに取り

組める」「エクササイズへのイメージがわいてくる」といったもの，6項目からなるので，**「動機づけ」因子**と命名された。α係数＝.82であった。

第2因子は「一目でやり方がわかる」「短時間でわかりやすくやる」といったもの，2項目からなるので，**「エクササイズ理解促進」因子**と命名された。α＝.78であった。

以上の結果から，前述の4つの実践的知見，①「取組みへの動機づけ」，②「レディネス形成」，③「取組みへの了解を促進」，④「エクササイズ理解の深化」の実証性が示唆されたと報告している。

※SGEリーダーのデモンストレーション尺度……橋本登・片野智治（2005）．SGEリーダーのリーダシップに関する検討1：デモンストレーション法，日本カウンセリング学会第38回大会発表論文集，147-148．

(2) SGEリーダーのインストラクションにおける自己開示の研究

別所・片野（2005）は「SGEリーダーシップに関する検討2：インストラクションにおける自己開示」で，インストラクションにおけるリーダーの自己開示の在り方について検討し，自己開示モデルを提示することを目的とした。ここでいう「自己開示（self-disclosure）」とは，「感情・思考・行動，これまでの人生における体験的事実について，開示すること」（國分・片野，2001）という意味である。

SGEのインストラクションにおけるリーダーの自己開示については，これまでの実践的知見から，以下のようなことがいえる。

① SGEリーダーの自己開示にはスキルが必要である。単に自己を露呈するとか，自己を語るとかというものではない。
② SGEリーダーが自己開示することで，自己開示イメージの輪郭がはっきりしてくる。つまり，リーダーの自己開示で「あのようにすればいいのだ」「あの程度（の深さ）にすればいいのか」と，具体的なイメージとその輪郭が明確になってくる。
③ リーダーの自己開示に触発されて，メンバーが自分もしてみようという

動機づけになる。

以上の知見と古典的な尺度 JSDQ (Jourard, S. M., & Laskow, P., 1958／中村, 1999) を参考にして,「SGE リーダーの自己開示尺度」を作成した。回答は 5 件法である。

尺度の因子的整合性をみるために, 主因子法による因子分析を用い, バリマックス回転を行った。尺度の内的整合性をみるために, クロンバックの α 係数を算出した。因子負荷量0.5以上の10項目 2 因子が抽出された。 2 因子で全分散の51.4%を説明していた。

第 1 因子は,「的を射ている」「簡潔で要領を得ている」「今ここでの気持ちを表している」「生き方を教えてくれる」「胸を打つような内容である」「無理がなく自然である」といった 6 項目からなるので,「**開示技法」因子**と命名した。クロンバックの α 係数は $\alpha = .80$ であった。

第 2 因子は,「生い立ちや親のことでも話す」「私(回答者)は今の自分に満足している」「自己開示とはこのようなものかがわかる」「自分も開示してみようという勇気がわく」といった 4 項目からなるので,「**納得・開示促進」因子**と命名した。クロンバックの α 係数は $\alpha = .71$ であった。

以上の結果から, 前述の 3 つの実践的知見, ①「自己開示スキルの必要性」,②「自己開示イメージの輪郭を明確化する」, ③「動機づけ」の実証性が本研究から示唆された。

※SGE リーダーの自己開示尺度……別所靖子・片野智治 (2005). SGE リーダーのリーダーシップに関する検討 2：インストラクションにおける自己開示について, 日本カウンセリング学会第38回大会発表論文集, 149-150.

(3) SGE リーダーの介入に関する研究

吉田・片野 (2005) は,「SGE リーダーシップに関する検討 3：SGE リーダーの介入」で, リーダーの介入について研究した。ここでは, SGE リーダーの介入の在り方を検討し, 介入モデルを提示することを目的としている。ここでいう「介入 (intervention)」とは,「応急処置」を意味している。

第4節　SGEのリーダーシップに関する研究

　SGEのリーダー体験者が抱える問題の一つに,「介入は難しい」というものがある。例えば「介入する場面で介入できない」「介入するタイミングを失ってしまう」「どこに介入するのか瞬時に判断がつかない」「介入法がわからない」「介入するときのリーダーの心構え（態度）はどのようなものか」「全体シェアリングの介入が難しい」といったものである。
　これまでの実践的知見を述べれば，SGEリーダーが介入する必要がある場面は，次のとおりである。
① 　「メンバーが自分自身で自分の権利を守れないとき」「インストラクションどおりにエクササイズに取り組んでいないとき」「ルールが守られていないとき」である。つまり，SGEリーダーは，メンバー相互の人権を守り，グループの軌道修正を行い，安心してSGEを体験できるようにする。
② 　また,「メンバーが抵抗を起こしている場合に，その抵抗を処理してエクササイズへの取組みを促進させ，より深い気づきを促す」介入が，リーダーに求められている。すなわち，メンバーの自己防衛が徐々に少なくなり，メンバー相互の自己理解・他者理解が促進され，なおかつメンバーが自己の問題に対峙し，解決するための勇気と方法を学習できるようにすることも求められている。
　SGEリーダーのための有効な介入法としては，感情や意味の明確化（反射），ロールプレイ，役割交換法，リフレーミング，対決，が挙げられる。これらの技法は，リーダーの明確な介入の意識と意図によって用いられる。
　なお，ベーシック・エンカウンターグループにおける保坂（1983），申（1986a，1986b），中田（1993，1999，2001），野島（1989b），尾川（1992）の研究報告は，SGEでいうところの，介入場面におけるリーダーの態度や認知を中心に行われている。中田論文（2001）の「ファシリテーターの否定的な自己開示の研究」では，そのプロセス記述の中に,「沈黙に介入」「『気持ち』に焦点をあてる介入」「ファシリテーター自身の感情表現としての介入」という記述が見られる。しかし，ファシリテーターは，明確な介入の意識をもって介入するというよりも，一人の参加者として，自己開示しながら，グ

ループの流れに介入しているといえる。すなわち，ベーシックでは介入の意識が少ないといえる。

　吉田・片野は，SGE リーダーの介入モデルを提示するために，「SGE 介入尺度」を作成した。回答は5件法である。

　尺度の因子的整合性をみるために主因子法による因子分析し，バリマックス回転を行った。尺度の内的整合性をみるために，クロンバックのα係数を算出した。その結果，因子負荷量0.5以上の15項目3因子が抽出された。3因子で全分散の50.7%を説明していた。

　第1因子は，「話が長すぎるとき，『結論から』『短く』などと言う」「抽象的な内容のとき，『もっと具体的に』などと言う」「いきさつや事実のみを説明しているとき，『感情を語って』などと言う」「相手を傷つける発言に対しては間髪を入れずに，介入する」「介入相手に対して援護的・支援的である」といった5項目からなっている。第1因子は「**（コミュニケーション促進の）現実原則**」**因子**と命名した。クロンバックのα係数はα＝.85であった。

　第2因子は，「メンバーの状況や問題によって，処置をする」「『質問』『明確化』技法を使う」「堂々と主張する」「凛とした姿勢で行う」「介入相手や他のメンバーの気づきを促すようにする」「公共性の高い問題を抱えたメンバーに対しては，簡便法によるカウンセリングを行う」「体験的な気づきを促すためのロールプレイ」といった7項目からなるので，「**介入スキル**」**因子**と命名した。クロンバックのα係数はα＝.78であった。

　第3因子は，「指導者ぶった言い方をする」「攻撃的に介入していく」「介入相手にうむをいわせないようにする」といった3項目からなっている。第3因子は「**了解**」**因子**と命名した。クロンバックのα係数はα＝.79であった。

　以上の結果から，前述の2つの実践的知見，①「メンバー相互の人権の擁護の介入」「グループの軌道修正の介入」「防衛解除の介入」，②「抵抗への気づき促進の介入」「自己の問題への対峙，問題解決への勇気・方法学習のための介入」の実証性が，本研究から示唆されたと考察している。

第4節　SGEのリーダーシップに関する研究

※SGE介入尺度……吉田隆江・片野智治（2005）．SGEリーダーのリーダーシップに関する検討3：SGEリーダーの介入について，日本カウンセリング学会第38回大会論文集，151-152．

* * *

第3章

本研究の基本的概念

　本研究は,「構成的グループエンカウンターが個人の成長に及ぼす影響」を明らかにすることを目的としている。ここでは,本研究の全体像を描いておきたい。

　本章の第1節では,研究1,2,3の研究目的を概観し,その意義を述べる。第2節では,基本的概念の定義,第3節では研究構成について記述する。

第3章 本研究の基本的概念

第1節 本研究の目的の概観及び意義

ここでは，第4章～第6章で取りあげる研究1, 2, 3の各々の研究目的について概観し，その意義を叙述する。

1 研究目的の概観

文献研究の結果を踏まえ，本研究の目的は，次のものに絞られた。

第一に，構成的グループエンカウンター（SGE）グループ過程の変化の解明である。第二に，SGE個人過程の変化を明らかにすることである。第三に，プログラムの内容（目標と行動基準とキー・エクササイズ）を変えた場合に，Y-G テスト（100頁参照）の性格特性の，何がどう変化するかを解明することである。このことは，プログラムのキー・エクササイズが，どの性格特性に，どのように影響するのか，どの性格特性には影響しないのかを解明することにつながる。

また，筆者の関心は参加メンバーの人間成長，すなわち適応の促進（例：人間関係能力，個性化・社会化）に及ぼすSGEの影響について明らかにするところにある。このことは，プログラムのキー・エクササイズが，適応の何に対して，どのように影響するのかを明らかにすることにつながる。

以上を，本研究「構成的グループエンカウンターが個人の成長に及ぼす影響」の目的に据えた。

2 本研究の意義

本研究「構成的グループエンカウンターが個人の成長に及ぼす影響」の意義は，次にあると考えられる。

第2章の文献研究が示すように，これまでのSGE研究では，集中的グルー

第1節 本研究の目的の概観及び意義

プ体験におけるグループ過程,及び個人過程を測定する,信頼性の高い尺度は開発されていない。そこで本研究では,SGEの体験過程であるSGEグループ過程,及びSGE個人過程の変化を調べるために,まず,両過程を測定する尺度の開発をめざしている。この開発の結果として,SGEのグループ過程の変化を実証的に明らかにすることが可能になるとともに,SGEの個人過程(対他者及び対自己)のプロセスを,実証的にアセスメントすることが可能になると考えられる。

本研究の第二の意義は,SGEの構成の主要素であるプログラムに着目して,異なるプログラムを用意して,それぞれの場合のアウトカムの相違を,実証的に明らかにすることにある。言い換えれば,SGEという構成された集中的グループ体験が,参加者の行動変容に及ぼす影響を明らかにする。これは,SGEの効果研究に寄与すると考えられる。

第三の意義として,本研究は,人間関係開発に関する開発的カウンセリング研究であるとともに,集団育成の教育技法としての,開発的・教育的モデル(発達・成長志向)のSGEの有効性を問うている。集団育成は,教育や産業や医療・福祉,その他の領域における,古くて新しい課題である。本研究は,これらの問題解決に向けた,有効な示唆を提供すると考えられる。

第2節 本研究の基本的概念の定義

本研究は,「構成的グループエンカウンターが個人の成長に及ぼす影響」を明らかにすることを目的にしている。

研究をするにあたり,基本的概念を明らかにしておく。

1 個人の成長

ここでいう「個人の成長(personal growth)」とは,ある特定の感情へのとらわれ,ある特定の思考(認知)へのとらわれ,ある特定の行動へのとらわれから解放されて,必要に応じて「あるがままの自己(actual self)」を打ち出すことができるようになる(行動変容)という意味である。ここでいう行動は,今まであった反応の低減ないし消失,今までになかった反応の発現をいう。すなわち,自己確立志向の個性化や,社会的適応をめざした社会化に関係した行動変容(behaivior modification)をいう。

以下に,具体像ないし特徴を挙げる。

① 「ふれあい(encounter)」という,あるがままの自己同士の交流ができる。ふれあいとは,あるがままの自己に気づき,気づいた自己を表明・主張する。そして他者のあるがままの自己を受容するという,人間関係を形成するという意味である。相互の固有性・独自性を尊重しあう,人格的な人間関係を志向する。とくに「今ここで」の感情表明をはじめとする,自己開示行動に重きをおく。

　因みに,ふれあいは自己を外に向けて打ち出す,自己疎外からの脱却,失愛恐怖からの脱却を意味している。

② 自己盲点への気づき(self-awareness)や克服への志向性を有する。自

己盲点とは，「他者にはわかっているが，自分（本人）は気づいていない」という偏りを意味している。
③ 感情面，思考面，行動面のとらわれから解放されていて，認知の修正や拡大をし，柔軟性がある。換言すれば，ゲシュタルト心理学やゲシュタルト療法でいう地（ground）と図（figure）の転換や，全体像（meaningful Gestalt）の構成を柔軟にできるという意味である。
④ 在り方・生き方の前提として，自己選択・決定（self-decision-making）の過程を重要視する。
⑤ 自己主張（assertiveness）や対決（confrontatin）をすることをためらわない。
⑥ 創造的な在り方・生き方（creativeness）を求める。とくにフランクル（Frankl, V. E.）のいう，意味の創造に重きをおく「意味への意志（will-to-meaning）」を有する。
⑦ 役割とルールの中で生きる。役割やルールにとらわれることなく，社会的場面で，現実原則を重視しながら生きる。

2 SGEグループ過程

SGEは，集中的グループ体験である。集中的グループ体験とは，2泊3日とか3泊4日と宿泊して，集中的にグループ体験を積み重ねることをいう。

SGEが参加メンバーに及ぼす影響を研究するには，まず，集中的グループ体験の体験過程の2側面を検討する必要がある。すなわち，グループ過程と個人過程である。

比較のために，ベーシック・エンカウンターグループのグループ過程について次に述べる。

ロジャーズ（Rogers, C. R. 1973）は，「エンカウンター・グループのプロセス」を発展的に把握している。つまり，7段階の発展を設定している。

第3章 本研究の基本的概念

> 第1段階：話す内容は主として外面的な事柄についてである。ここでは感情・個人的意味は認識されていない。密接な関係は危険だと解釈されている。
> 第2段階：メンバー個人は自分の主観的経験から遠く離れている。自分自身を客体として矛盾した話をすることもある。
> 第3段階：今ここにはない感情及び個人的意味を多く述べる。つまり過去との関連でこれらが話される。
> 第4段階：今ここでの感情と個人的意味が自由に叙述される。しかしはげしい感情は今あるものとしては話されない。
> 第5段階：多くの感情が生起した瞬間に自由に表明される。自分の中にある問題に対してはっきりした責任を感じる。
> 第6段階：生々しく，劇的で，解放的な体験をする。自己を客体として意識することはそんなに多くはない。メンバーは自分の感情により近づき，感情が生じたときにすぐにその感情を表明し始める。個人の堅い構成概念（例：固定観念，先入観）というものが自分の中で起こり，動くものであると認識する。
> 第7段階：終結段階

野島（1977）は，次のような7段階を設定している。

> 段階Ⅰ：当惑・模索
> 段階Ⅱ：グループの目的・同一性の模索
> 段階Ⅲ：否定的感情の表明
> 段階Ⅳ：相互信頼の発展
> 段階Ⅴ：親密感の確立
> 段階Ⅵ：深い相互関係と自己直面
> 段階Ⅶ：終結段階

以上を要約すれば，エンカウンター・グループのグループ過程は，このような体験の言語的ないし非言語的コミュニケーションを通しての交流の過程といえる。

　一方，SGEのグループ過程を，これまでの実践的知見から述べれば，次のようになる。メンバー相互が個人的に意味のある自己の一面について表明する。その一面について探求したことを発言する。すなわち，認知的・感情的・行動的側面の個人的な気づき，または探求したことを発言する。また，過去の出来事に伴う感情及び，今ここでの感情を表現する。否定的な瞬時の対人感情を吐露する。

　換言すれば，集団の中でたまたま一緒になった小グループにおいて，あるメンバーAが，他のメンバーたちへ向けて，働きかけ（対人行動）を試みたとき，働きかけられたメンバーたちは，Aに対して何らかの反応やフィードバックをする。彼らの反応やフィードバックがもとになって，働きかけたAの中に，ある種の体感が生じてくる。また，働きかけられたメンバーたちの反応やフィードバックは，Aから働きかけられたことで，彼らの中に生じた体感に規定される。

　以上のことから，SGEのグループ過程では，メンバー相互の受容や，他者の発言に対する理解的態度や共感的理解が重要となる。

　以上を踏まえて，本研究における**SGEのグループ過程とは，エクササイズやシェアリングを介して，メンバー相互の中に生じ，意識化された認知的・感情的・行動的側面の，あるがままの自己の言語的または非言語的手段による，今ここでのインターラクションの過程**をいう。

　本研究で筆者は，このSGEグループ過程の変化について着目している。

3　SGE個人過程

　集中的グループ体験であるSGEが，参加メンバーに及ぼす影響について明らかにする場合，個人過程もつぶさに見ていく必要がある。

　SGEのグループ体験では，グループ過程やエクササイズ，及びシェアリ

第3章 本研究の基本的概念

ングに触発されて（グループ過程やエクササイズ，及びシェアリングが触媒になって），参加メンバー個々の，個人的で固有な体感が生じてくる。すなわち，自己への意識や彼の人生経験・体験，見方・考え方・価値観（これらは内的準拠枠）に関連した，個人的で固有な体感が生じてくる。

社会心理学の視点からいえば，SGE個人過程は，自己過程研究のカテゴリの中でとらえることができる。

自己過程（self-process）は，次のように定義される（中村，1990）。

「われわれは，自分が自分に注目し，自分の特徴を自分で描くことができるようになり，その描いた姿についての評価（良い―悪い，満足―不満足，誇らしい―恥ずかしい，など）を行い，さらに，そのような自分の姿を他人にさらけ出したり，具合の悪いところは隠したり修飾したりする一連の現象的過程（phenomenal process）としてとらえる」

自己過程は，4段階の位相をなしている。第1位相は，自己の姿への「注目」（自己意識や自己フォーカス），第2位相は「把握」（自己概念，自己帰属，セルフ・スキーマ），第3位相は「評価」（自己評価，自己感情），第4位相は「表出」（自己呈示，自己開示）の4段階である。

以上を踏まえ，**SGEの個人過程とは，主としてグループ過程やエクササイズ，シェアリングが触媒になって起こる，参加メンバー個々の自己への意識や，固有の人生経験・体験，見方・考え方・価値観に関連した個人的な認知的・感情的・行動的側面の，あるがままの自己の現象学的過程**という意味である。

実践的知見からいえば，SGEではこれらの側面のあるがままの自己が意識化され，非言語的または言語的コミュニケーションによって表現・主張されることによって，行動変容が発現すると考えられる。例えば，次のとおりである。

「こういう話をする私を，他者はどう見るだろうか（他者にどう見られるだ

「他者の話を聞いていて，共感できない私はどんな私なんだろうか。私はどこかおかしいのだろうか」

「そんなふうに率直に言えない私はどんな人なんだろうか」

「Aさんから私のよい点を言ってもらったけど，素直に喜べないで，内心白けている私はどんな自分なのだろうか」

「Bさんの言い方に不快感を強く感じていたにもかかわらず，それを率直に表明しなかった私は，Bさんに不快感をもたれたくないという気持ちをもっているのだろうか。こんな私は嘘っぽい自分だ。こんなんでは，ふれあうことなんてできるわけがない。次のときはきちんと言おう」

　これらは，注意が自分自身に向いている心理的過程である。これを客体的自覚状態（self-awareness）ないし自己焦点注意（self-focused attention）という。ここに描写した自己は，私的自己意識（private self-consciousness）である。この自己意識は，そのときその場での気づきとしての自己意識である。これらは，グループ過程という社会的相互作用の過程では，頻繁に喚起される意識といえる。

　以上のように考えると，メンバーの人間成長について，SGEの実践的見地からいえば，**グループ過程（ふれあいの過程）を介して，自己探求・他者理解をへて，自己受容，自己主張，対決といった行動の発現が期待される。**

　本研究で筆者は，このSGE個人過程の変化について着目している。

4　ふれあい

　「ふれあい」とは，ロジャーズのいう**「あるがままの自己（actual self）」同士の交流**の意味である。あるがままの自己とは，「体感（organismic experiencing）」のことである。これを「ホンネ（authentic）」「本心」と表す場合もある。

　ふれあいは，言い方を換えれば「肝胆相照らす」（「故事成語考」三省堂編修所編『故事ことわざ辞典』）であろう。前掲書によれば「互いにまごころ

をもって交わる」「お互いの気持ちがぴったり合う」という意味である。「肝」は肝臓，「胆」は胆嚢，合わせて心の奥底の意味である。

　まごころをもって交わるのであるから，その関係性は相手の固有性・独自性（「かけがえのなさ」）に対する，尊重と畏敬の念を基盤にしているといえよう。

5　自己開示

　ここでいう自己開示とは，「感情・思考の開示」と「これまでの人生における体験・経験の開示」をいう。例えば，次のとおりである。
「私は今，職場で浮いてしまって，居心地が悪いのです」（感情の開示）
「私は，突然出向の話が出て，一生懸命会社に尽くしてきたのに，何で私なのだ，理不尽だと思うと怒りでいっぱいです」（感情と思考の開示）
「私は20年前に結婚しました。その後まもなく男児が誕生しました。しかし突然不幸が起きました。子どもが難病にかかり，3歳のときに亡くなりました」（これまでの人生における体験・経験の開示）

　自己開示（self-disclosure）という語を初めて用いた研究者は Jourard, S. M.（1958，1971）であり，彼は自己開示は「パーソナリティが健全であるしるし」であり，「不適応をきたしている人は自分を開示することがなく，その結果として自分自身をも知らない人である」と指摘している。

　Jourard（1971）は，自己開示とは「他者が知覚しうるように自分自身を露わにする行為」のことであると定義している。

　中村（1999）は，これまでの諸定義を総括して，次のように定義している。「自己開示は，①選ばれた他者を対象に，②本人（開示者）が自覚ないし意図している状態で，③他者から強要されることなく，④言語的，あるいは非言語的チャンネルを介して，自己に関する情報を伝達するコミュニケーション行動である」。

　Hargieら（1994）は，**開示内容**に着目して研究し，次のような研究報告をしている。

① 自己開示は事実または感情に関する内容を含んでいる。例えば自分の好きな食べ物や趣味に関する内容は，開示者の比較的表面的・皮相的なものであり，一方恥ずかしい思いをした出来事やみじめになった出来事，不幸な出来事，家族不和，今悩んでいること，性体験といったようなことは，恥になるので隠しておきたい，言いにくい，言いよどむような内容である。後者の内容は内面的な自己開示（intimate disclosure）を行ったということになる。内面的な自己開示が生じるような対人関係は情緒的に親密であるといえる。また「心を許し合った関係」（信頼関係）ということになろう。また援助専門職（例：カウンセラー，学級担任）に相談する来談者・児童生徒の訴えは多くがこの内面的な自己開示である。
② 自己開示は自分自身の個人的な経験や，相手（開示者）の経験に対する被開示者の個人的反応を含んでいる。
③ 自己開示は自分の過去，現在，または未来に関する情報を含んでいる。

Jourard（1959）やJourard, S. M., &Richman, P.（1963）は，「ある他者に対する好意度とその他者に対する自己開示の量との間には正の相関が見出される」と報告している。

自己開示の対人機能（自己開示の交換は，対人関係の発展や持続に，どのように機能するかという問題）に関する研究として，Altman & Taylor（1973）の社会的浸透理論（social penetration theory）がある。本理論は，対人関係の親密化は，自己開示の交換によるとしている。

自己開示の受け手（被開示者）が，「同じ程度」の内面性をもった内容を，送り手（開示者）に返す現象を，**自己開示の「返報性（reciprocity）」**という。これは，Jourard, S. M., & Jaffe（1970）によって行われた研究の結果である。

自己開示の返報性はどうして起きるのか。ここに着目した研究が行われ，3つの仮説が提示されている。
① 好意性仮説：相手から自己開示を受けたとき，それは相手の自分に対する信頼感や好意の表れと見なされ，その結果，相手に対しても信頼感や好

意が増し，それに伴って同程度の自己開示内容を返報する。
② 返報性規範仮説：私たちは相手から受けた恩恵や親愛の情に対して，それと同程度の価値をもった「お返し」をすべきであるという返報性の規範があり，これに準拠して生じる。
③ モデリング仮説：未知の相手と会話する場合，相手の自己開示を模倣するので，見かけ上の返報性が生じる。

Lynn（1978）は，これら3仮説を検証する研究を行い，「好意性仮説は根拠が薄弱である」「返報性規範仮説とモデリング仮説のいずれが正しいかまでは特定できなかった」と報告している。榎本（1983）は，返報性規範仮説が最も妥当であると報告している。

自己開示の返報性は，対人関係の親密化の段階によって，異なる様相を見せるのではないか，ここに問題を見出して，Altman（1973）は研究を行った。その結果，以下のような報告がなされている。

表面的な話題に関しては，対人関係の初期の段階で自己開示の返報性が生じやすいが，その後はこの傾向は弱まる。一方，内面的な話題に関しては，関係性の発展の過渡期において自己開示の返報性が生じやすく，その前後では弱まる。つまり，互いの信頼を高めあう必要から内面的な自己開示を返報し，非常に親密になった関係の段階では，すでに信頼が確立されているために，特殊な場合を除いて，自己開示が返報されることは少なくなるのであろうと。

6 シェアリング

SGEのシェアリングには2種類ある。エクササイズに取り組んだ直後に行う短時間のショート・シェアリングと，全体シェアリング（community group sharing）である。

ここでいうシェアリングとは，メンバー相互が**「感じたこと気づいたことを共有する」**を意味する。感じたこと気づいたこととは，**今ここでの感情と思考，認知，受けとめ方，見方，考え方**のことである。

第 2 節　本研究の基本的概念の定義

　前者のショート・シェアリングは，複数のエクササイズに取り組んだ直後に行うもので，時間は平均 5 〜10分程度のものである。内面に深く入り込むエクササイズの場合には，取り組んだ直後に必ずこのシェアリングを行う。時間は平均10〜15分程度となる。

　後者の全体シェアリングは，1 セッション（60〜90分）をあてて，このセッションではエクササイズをしない。「みなさんが家を出るとき，どんな気持ちでしたか。受付をして開講式が始まるまでの気持ちはどうでしたか。……それからは，いろいろなエクササイズに取り組みましたね。そこで現時点までの間で『感じたこと気づいたこと』を自由に話してください」というリーダーのインストラクションで始まる。

　シェアリングのねらいは，感情の共有と認知の修正・拡大である。同じエクササイズを体験しても，感じたこと気づいたことは一人一人みな違う。この個人間差異に着目している。例えば「苦しかった」とあるメンバーが吐露する。他のメンバーが同じように「実は私も苦しかった」と発言する。苦しいという感情は共通していても，その意味するところは異なることがある。つまり一般意味論（general semantics）の観点から述べれば，個々人の「固有」の意味がそこにある。

　リーダーは，シェアリングするときの留意点について，次のようにインストラクションする。ショート・シェアリングのときは「エクササイズの続きをしないでください」と。メンバーの認知の修正，拡大を図るところに意図があるからである。またショート・シェアリングと全体シェアリングの場合に共通して，「ネガティブな感情（例：苦しい，いらいらしている，不愉快な気持ちになっている）でも，自由に表現してください。今そういう自分がここにいるということを伝えてください」と。メンバーは否定的感情を開示し，その自分をグループで受けいれられるという体験をすることで，他者への信頼感が増すのである。

　全体シェアリングは，集団の中で起きた問題は集団の中で解決するという原則に立っている。必要に応じてリーダーは介入（例：簡便法のカウンセリ

ング）する。また一日のセッションが終了してからも，複数のメンバーがそれぞれに集まって談話する。そのような中で語り合ったことも，全体で共有できるように，全体シェアリングの話題にする。

7 プログラム

プログラムとは，**定型化されたエクササイズの配列**のことであり，SGEの「構成」の主要素をなしているものである。

SGEリーダーは，プログラミングを行う際に目標を定め，それに合わせてエクササイズの配列をする。内面的な自己開示を伴うエクササイズは，メンバー間のリレーションが形成されてから設定される。

リーダーの主要な役割の一つに，インストラクションがある。これはエクササイズのねらい，内容（方法），留意点を簡潔に説明することをいう。リーダーは，エクササイズのねらいとプログラムの目標との整合性を，常に念頭におく。同じエクササイズでも，ねらいを変えて用いる場合がある。

エクササイズとは，心理面の発達を意図した心理教育的課題のことである。「心理教育的」とは思考，感情，行動の意識化，修正・拡大をいう。定型化されているエクササイズのねらいは，つきつめると，①自己理解（自己理解がすすめば他者理解も促進される），②自己受容（自己受容がすすめば他者受容も実現する），③感受性，④自己主張，⑤信頼体験，⑥役割遂行になる。

國分・片野（2001）は，エクササイズの6種類のねらいと行動変容の3側面とを絡ませた分類を試みている。

なぜ分類するのか。分類することで，エクササイズのねらいがいっそう明確になるからである。明確にされたねらいをリーダーはインストラクションで明示するのである。

第3節 本研究の構成

本研究「構成的グループエンカウンターが個人の成長に及ぼす影響」は，次の3つの研究から構成されている。主として，研究1「構成的グループエンカウンターにおけるグループ過程の変化」，研究2「構成的グループエンカウンターにおける個人過程の変化」，研究3「構成的グループエンカウンターのプログラムが行動変容に及ぼす影響」である。

1 筆者の関心

筆者の関心は，第一に SGE グループ過程の変化の解明にある。第二にSGE個人過程の変化を明らかにすることである。第三にプログラムの内容（目標と行動基準とキー・エクササイズ）を変えた場合に，Y-G テスト（100頁参照）の性格特性の，何がどう変化するかをリサーチすることにある。このことはプログラムのキー・エクササイズが，どの性格特性に，どのように影響するのか，どの性格特性には影響しないのかを解明することにつながる。換言すれば，参加メンバーの人間成長，すなわち適応の促進（例：人間関係のもち方，個性化・社会化）に及ぼす影響について明らかにするところにある。このことはプログラムのキー・エクササイズが，適応の何に対して，どのように影響するのかを明らかにすることにつながる。

そして関心の第四は，本研究のテーマである SGE の，カウンセリングの中での位置づけを考察することにある。

2 本研究の概略

研究1，2，3の概略は，以下のとおりである。これらの構成を図示すると **Figure1** のようになる。

第3章　本研究の基本的概念

```
┌─────────────────────────────────────────────────────────┐
│                                                         │
│         第1章　わが国における伝統的カウンセリングの        │
│               問題点とSGE                                │
│           第1節　少子高齢化社会の諸問題と集団の育成       │
│           第2節　わが国における伝統的カウンセリング       │
│                 の問題点                                 │
│           第3節　カウンセリングの第三勢力の誕生とエ       │
│                 ンカウンター                             │
│                                                         │
│              第3章　本研究の基本的概念                   │
│                第1節　本研究の目的                       │
│                第2節　本研究の基本的概念の定義           │
│                第3節　本研究の構成                       │
│                                                         │
│  第6章　研究3：構成的グループエンカウ    第2章　構成的グループエンカウンターに関  │
│        ンターのプログラムが行動変容に及         する文献研究                      │
│        ぼす影響                             第1節　効果研究：プログラムと行動変容 │
│    第1節　3種類のプログラム                  第2節　SGE体験研究：体験的事実と抵抗 │
│    第2節　Y-Gテストにみる人間関係得          第3節　人間関係プロセス研究：グループ │
│          点の変化                                 過程・個人過程                  │
│    第3節　個人志向性・社会志向性得点の       第4節　SGEのリーダーシップに関する   │
│          変化                                     研究                            │
│                                                         │
│                   個人の成長                            │
│               構成的グループエンカウンター               │
│                                                         │
│  第4章　研究1：構成的グループエンカウ    第5章　研究2：構成的グループエンカウ    │
│        ンターのグループ過程の変化               ンターの個人過程の変化            │
│    第1節　SGEグループ過程尺度の開発       第1節　SGE個人過程尺度の開発           │
│    第2節　SGEグループ過程の変化           第2節　SGE個人過程の変化               │
│                                                         │
│                第7章　全体的考察                        │
│                  第1節　全体的考察                      │
│                  第2節　本研究の開発的カウンセリン      │
│                        グへの示唆                       │
│                  第3節　本研究の改善点                  │
│                  第4節　今後の課題                      │
│                                                         │
└─────────────────────────────────────────────────────────┘
```

Figure1　本研究の構成

第 3 節　本研究の構成

● 研究 1 「構成的グループエンカウンターにおけるグループ過程の変化」第 4 章

　集中的グループ体験である SGE の研究において，グループ過程研究は重要である。グループ過程を解明するにあたって，本研究ではグループ過程尺度を用いてグループ過程を明らかにしている。すなわち，SGE グループ過程尺度を開発し（第 1 節），第 2 節では本尺度を用いて SGE グループ過程を測定し，その変化を考察している。

● 研究 2 「構成的グループエンカウンターにおける個人過程の変化」第 5 章

　グループ体験の体験過程を解明する場合，グループ過程と個人過程の両面から明らかにすることが必要である。第 5 章では個人過程を扱っている。すなわち，研究 2 では SGE 個人過程尺度を開発し（第 1 節），本尺度を用いて SGE 個人過程を測定し，その変化を考察している（第 2 節）。

● 研究 3 「構成的グループエンカウンターのプログラムが行動変容に及ぼす影響」第 6 章

　プログラム（エクササイズの配列）は，SGE の「構成」の主たる要素である。どのようなプログラムでもってグループエンカウンターを構成するかは，SGE 効果を検討する場合に重要である。ここでは，プログラムとアウトカム（メンバーの行動変容）との関連性を解明しようと試みた。

　具体的に述べれば，第 1 節ではムスターカス（Moustakas, C. E.）のヘルピング・プロフェッションのリレーション形成に関する概念，すなわち being-in (oneness), being-for (weness), being-with (I-ness) の 3 つを核にすえた「3 種類のプログラムの開発」，第 2 節では「Y-G テストにみる人間関係得点の変化」，第 3 節では社会的適応研究における個性化と社会化に着目して，「個人志向性・社会志向性ＰＮ得点の変化」について記している。

第4章

研究1　構成的グループエンカウンターにおけるグループ過程の変化

　第2章では，構成的グループエンカウンターの効果研究（プログラムと行動変容：第1節），SGE体験の研究（体験的事実と抵抗：第2節），人間関係プロセスに関する研究（グループ過程・個人過程：第3節），SGEのリーダーシップに関する研究（第4節）といった4側面からの文献研究を行った。

　これらの文献研究から得た結論は，本研究「構成的グループエンカウンターが個人の成長に及ぼす影響」，すなわちSGEがメンバーの行動変容に及ぼす影響を研究するには，集中的グループ体験の体験過程，すなわちSGEグループ過程・個人過程との関連性を解明する必要があるということである。

　SGE研究におけるこれまでの体験過程の研究は，SGEグループ過程における人間関係体験の特徴や，雰囲気やメンバーの感情体験の特徴を明らかにしたという段階にとどまっていて，十分とはいえない。

　それゆえに本章では，まずSGEグループ過程を取りあげる。

第4章 研究1 構成的グループエンカウンターにおけるグループ過程の変化

第1節 SGEグループ過程尺度の開発

　構成的グループエンカウンター（SGE）のグループ過程を明らかにする一方法として，尺度を用いてグループ過程を測定する方法が挙げられる。本節では，そのためのSGEグループ過程尺度の開発について記述する。

1　目　的

　SGEのグループ過程で重要な体験は，メンバー同士の「**ふれあい**」である。「ふれあい」とは，ロジャーズ（Rogers.C.R.）のいう「あるがままの自己（actual self）」同士の交流という意味である。あるがままの自己は「体感（organismic experiencing）」のことである。これを「ホンネ（authentic)」（「本心」）と表す場合もある。
　集団の中でたまたま一緒になった小グループにおいて，あるメンバーAが他のメンバーたちへ向けて働きかけ（対人行動）を試みたとき，働きかけられたメンバーたちは，Aに対して何らかの反応やフィードバックをする。彼らの反応やフィードバックがもとになって，働きかけたAの中に，ある種の「体感」が生じてくる。また，働きかけられたメンバーたちの反応やフィードバックは，Aから働きかけられたことで，彼らの中に生じた体感に規定される。
　このようにSGEでは，エクササイズを介して体感（あるがままの自己）に気づき，気づいたあるがままの自己を，表現したり主張したりする。
　このようにSGEではシェアリング（ショートのシェアリングと全体シェアリングがあり，「エクササイズを体験してみて，あるいは他者の発言を聞いて感じたこと・気づいたことを自由に表現する」）を介して，メンバー相互のあるがままの自己を共有する。

SGEはつきつめれば，エクササイズを介した自己開示の連続であるといえる。つまり，構成された対人行動からなるエクササイズは，自己開示そのものである。

　これまでの実践的知見から述べれば，SGEのグループ過程では，メンバー相互が個人的に意味のある自己の一面について表明する。その一面について探求したことを発言する。すなわち，認知的・感情的・行動的側面の個人的な気づき，または探求したことを発言する。また過去の出来事に伴う感情及び今ここでの感情を表現する。否定的な瞬時の対人感情を吐露する。

　このように，SGEのグループ過程とは，エクササイズやシェアリングを介して，メンバー相互の中に生じ，意識化された認知的・感情的・行動的側面の，あるがままの自己の言語的または非言語的手段による，今ここでのインターラクションの過程と考えられる。

　以上のことから，グループ過程では，メンバー相互の受容や被受容，他者の発言に対する，理解的態度や共感的理解に着目して，尺度を開発する。

2　方　法

(1)　研究対象

　本研究の対象は，特定非営利活動法人日本教育カウンセラー協会（JECA）主催の，集中的グループ体験であるSGE体験コース（2泊3日）に参加した成人126名（男44名，女82名）である（**Table1**）。

　参加者のうち，男性は34.9％，女性は65.1％である。年齢は30歳代・40歳代・50歳代が主である。主たる職種は初等・中等教育にたずさわる者が65.1％，産業領域の者が9.5％である。

(2)　SGEグループ過程尺度の作成

　集中的グループ体験SGEのグループ過程を調べるために，「SGEグループ過程尺度」（回答は5件法）を作成した。

　尺度項目の策定は，ベーシック・エンカウンターグループの先行研究，及

第4章 研究1 構成的グループエンカウンターにおけるグループ過程の変化

Table1　2泊3日体験コース参加者属性

(性別)	1回	2回	3回	4回	合計
男	19	10	15	9	44
女	22	19	19	23	82

(年齢)	1回	2回	3回	4回	合計
20代	2	9	4	3	18
30代	10	8	12	6	36
40代	12	6	9	6	33
50代	5	6	8	14	33
60代	2	0	1	3	6

(職業)	1回	2回	3回	4回	合計
幼児教育教員	0	0	1	0	1
初等・中等教育教員	24	15	21	22	82
高等教育教員	1	2	3	3	9
学校教育相談員	1	3	5	1	10
教育行政	0	1	0	2	3
産業	3	5	2	2	12
医療	0	0	0	1	1
福祉	0	1	1	0	2
司・法曹	0	1	0	0	1
学部・大学院学生	0	1	1	1	3
その他	2	0	0	0	2
再参加者数	3	2	2	2	9

び片野・吉田「大学生の構成的エンカウンター・グループにおける人間関係プロセスに関する一研究」(1989)，片野・吉田・中山「『ふれあいセミナー』のグループ・プロセスに関する研究―その1．セミナーの雰囲気とメンバーの感情の変化―」(1993) や，これまでのSGEの実践的知見をもとに行われた。すなわち，**グループにおける居心地や，メンバー同士の防衛のなさや自由感，被受容感**などに焦点づけて項目の策定を行った。

「1　目的」でも述べたように，SGEのグループ過程では，自己の一側面についての認知的・感情的・行動的側面の個人的な気づき，または探求したことを発言したり，過去の出来事に伴う感情及び，今ここでの感情を披瀝したり，否定的な瞬時の対人感情を吐露したり，個人的に意味のある自己の一面の，表明と探求に関して発言したりする。つまり，グループ過程では，メンバー相互の受容や被受容，他者の発言に対する理解的態度や共感的理解が重要である。ここでは，気づいた「あるがままの自己」(体感，ホンネ，本心) の，言語的ないし非言語的手段による交流体験の深まりの度合い，程度が着目されることとなるからである。

作成した尺度は，信頼性を調べるために，1日コースのグループ体験SGEワークショップ参加者，成人241名 (男55名，女163名) を対象に調査を行った。得られた資料をもとに，因子的整合性を調べる主因子法による因子分析 (バリマックス回転) をし，内的整合性をみるために，クロンバックの α 係数を算出した。その結果，1因子が抽出され，因子負荷量が.50未満の2項目は削除した。寄与率は64%であった。クロンバックの α 係数は $\alpha = .93$ であり，十分な信頼性が得られた。

これにより，11項目からなる「SGEグループ過程尺度」が確定された (**Table2**)。

第4章 研究1 構成的グループエンカウンターにおけるグループ過程の変化

Table2　SGEグループ過程尺度の項目と因子負荷量

		因子負荷量
①	話しやすかったか	.854
②	自分のことについてすんなり話せたか	.847
③	言いたいことが言えたか	.842
④	自分の本心（ホンネ）を話したか	.820
⑤	居心地はよかったか	.813
⑥	受けいれてもらったという感じがしたか	.807
⑦	自分のことを聞いてもらったという感じがしたか	.801
⑧	気持ちはスッキリしているか	.778
⑨	リラックスしていたか	.775
⑩	エクササイズにすんなり取り組めたか	.726
⑪	対話（言語及び非言語で）がはずんだか	.719
	固有値	7.229
	寄与率	.64
	α 係数	.93

削除された項目

⑫	エクササイズ中，グループはあけすけな感じがしたか	.442
⑬	エクササイズ中，グループは仕切られている感じだったか	.014

第1節　SGEグループ過程尺度の開発

(3)　ワークショップ及び調査の実施

　SGE 体験コースのワークショップ（2泊3日）が以下のように実施され，それぞれのワークショップ開始時（pre 調査）と，ワークショップ終了直後（post 調査）に，グループ過程に関する調査を実施した。

　第1回　2004年5月3～5日　　参加者31名（男9名，女22名）
　第2回　2004年8月17～19日　参加者29名（男10名，女19名）
　第3回　2005年1月7～9日　　参加者34名（男15名，女19名）
　第4回　2005年3月19～21日　参加者32名（男9名，女23名）

　SGE リーダーは片野智治，サブ・リーダーは吉田隆江が務めた。両者のSGE 実践歴は25年である。リーダーのほかにスーパーバイザー國分康孝・國分久子，カウンセラー2名，事務局2名が参加した。

(4)　分析方法

　併存的妥当性をみるために，SGE グループ過程尺度と松浦・清水グループ認知尺度（1999）との相関関係を分析した。松浦・清水尺度は，ベーシック・エンカウンターグループ用に作成された，唯一の尺度である。これはSD法尺度であり，「居心地のよさ」「グループの成長」「親密度」の3下位尺度から構成されている。

　バリマックス回転による因子分析の結果，累積寄与率は65.279%，各々の下位尺度のクロンバックの α 係数は.94，.87，.89であるので，松浦・清水尺度の信頼性は十分に高い。

3 結 果

　SGE グループ過程尺度の併存的妥当性をみるために，松浦・清水グループ認知尺度（1999）との相関関係を分析した。

　これにより得られた以下の(1)(2)(3)の結果から，SGE グループ過程尺度得点と松浦・清水尺度得点との間には，有意の相関関係が見出された。これにより，SGE グループ過程尺度の併存的妥当性が支持された。

(1)　第2回 SGE 体験コース参加者29名（男10名，女19名）を対象にして，ワークショップ開始時（pre 調査）とワークショップ終了直後（post 調査）に，SGE グループ過程尺度及び松浦・清水尺度への回答を求めた。

　得られた資料をもとに，pre 調査と post 調査のそれぞれにおいて，両尺度間の相関関係をみた結果，合計得点では.702（pre, $p<.001$），.606（post, $p<.001$）と有意に高い相関関係が見出された（**Table3**）。

　両尺度の下位尺度得点間の相関関係をみると，pre 調査では SGE グループ過程得点と松浦・清水尺度の「居心地のよさ」との間には，.746（$p<.001$），「親密感」との間に.684（$p<.001$）と，有意にやや高い相関関係が見出された。post 調査でも，SGE グループ過程得点と松浦・清水尺度の「居心地のよさ」との間には.621（$p<.001$），「親密感」との間に.548（$p<.001$）と，有意にやや高い相関関係が見出された。

　しかし，SGE グループ過程得点と松浦・清水尺度の「グループの成長」得点との間では，pre 調査では有意の相関関係が見出されたが，post 調査では有意の相関関係は見出されなかった。

(2)　第3回 SGE 体験コース参加者34名（男15名，女19名）を対象にして，ワークショップ開始時（pre 調査）とワークショップ終了直後（post 調査）に，SGE グループ過程尺度及び松浦・清水尺度への回答を求めた。

　得られた資料をもとに，pre 調査と post 調査のそれぞれにおいて両尺度

間の相関関係をみた結果,合計得点では.433(pre),.609(post)と,有意の相関関係が見出された(**Table4**)。

両尺度の下位尺度得点間の相関関係(**Table4**)をみると,pre調査ではSGEグループ過程得点と松浦・清水尺度得点の「居心地のよさ」との間に.537(p<.001)と,有意にやや高い相関関係が見出された。しかし「親密感」と「グループの成長」との間には,相関関係が見出されなかった。

post調査では,SGEグループ過程得点と松浦・清水尺度得点の「居心地のよさ」との間に.558(p<.001),「親密感」との間に.602(p<.001),「グループの成長」との間に.410(p<.05)と,やや高い相関関係が見出された。

(3) 第4回SGE体験コース参加者32名(男9名,女23名)を対象にして,ワークショップ開始時(pre調査)とワークショップ終了直後(post調査)に,SGEグループ過程尺度及び松浦・清水尺度への回答を求めた。

得られた資料をもとに,pre調査とpost調査のそれぞれにおいて両尺度間の相関関係をみたところ,合計得点では.633(pre),.375(post)と有意の相関関係が見出された(**Table5**)。

両尺度の下位尺度得点間の相関関係(**Table5**)をみると,pre調査ではSGEグループ過程得点と松浦・清水尺度得点の「居心地のよさ」との間に.688(p<.001),「親密感」との間に.490(p<.01)と,有意にやや高い相関関係が見出された。しかし「グループの成長」との間には,有意の相関関係は見出されなかった。

post調査では,SGEグループ過程得点と松浦・清水尺度得点の「居心地のよさ」との間に.394(p<.05)と有意の相関関係,「グループの成長」との間に有意の傾向が見出された。しかし「親密感」との間には,相関関係は見出されなかった。

第4章 研究1 構成的グループエンカウンターにおけるグループ過程の変化

Table3 SGEグループ過程尺度と松浦・清水尺度との相関関係（第2回SGE体験コース）

相関 pre	SGEグループ過程	居心地のよさ	グループの成長	親密感	グループ（松浦・清水）合計
SGEグループ過程	—	.746***	.373*	.684***	.702***
居心地のよさ		—	.695***	.838***	.966***
グループの成長			—	.590**	.808***
親密感				—	.908***
グループ（松浦・清水）合計					—

相関 post	SGEグループ過程	居心地のよさ	グループの成長	親密感	グループ（松浦・清水）合計
SGEグループ過程	—	.621***	.298 n.s.	.548**	.606***
居心地のよさ		—	.573**	.780***	.963***
グループの成長			—	.360†	.685***
親密感				—	.866***
グループ（松浦・清水）合計					—

* P < .05　** P < .01　*** P < .001

第1節　SGEグループ過程尺度の開発

Table4　SGEグループ過程尺度と松浦・清水尺度との相関関係（第3回SGE体験コース）

相関 pre

	SGEグループ過程	居心地のよさ	グループの成長	親密感	グループ（松浦・清水）合計
SGEグループ過程	—	.537***	.161 n.s.	.256 n.s.	.433**
居心地のよさ		—	.376*	.745***	.921***
グループの成長			—	.604***	.651***
親密感				—	.919***
グループ（松浦・清水）合計					—

相関 post

	SGEグループ過程	居心地のよさ	グループの成長	親密感	グループ（松浦・清水）合計
SGEグループ過程	—	.558***	.410*	.602***	.609***
居心地のよさ		—	.655***	.723***	.957***
グループの成長			—	.441**	.773***
親密感				—	.833***
グループ（松浦・清水）合計					—

* P < .05　　** P < .01　　*** P < .001

第4章 研究1 構成的グループエンカウンターにおけるグループ過程の変化

Table5 SGEグループ過程尺度と松浦・清水尺度との相関関係（第4回SGE体験コース）

相関 pre

	SGEグループ過程	居心地のよさ	グループの成長	親密感	グループ（松浦・清水）合計
SGEグループ過程	—	.688***	.284n.s.	.490**	.633***
居心地のよさ		—	.467**	.560***	.878***
グループの成長			—	.633***	.760***
親密感				—	.849***
グループ（松浦・清水）合計					—

相関 post

	SGEグループ過程	居心地のよさ	グループの成長	親密感	グループ（松浦・清水）合計
SGEグループ過程	—	.394*	.306†	.270n.s.	.375*
居心地のよさ		—	.587***	.777***	.941***
グループの成長			—	.732***	.788***
親密感				—	.922***
グループ（松浦・清水）合計					—

* P < .05　　** P < .01　　*** P < .001

4 考察

　SGE グループ過程を明らかにする一方法として，グループ過程を測定する尺度を用いるために，SGE グループ過程尺度の開発をした。得られた資料をもとに，pre 調査と post 調査ごとに両尺度間の相関関係を調べたところ，以下に示すような結果が得られた。要約し，考察する。

(1) 第 2・3・4 回のワークショップにおける pre 調査と post 調査の両尺度の合計点において相関関係を調べたところ，それぞれにおいて有意の相関関係が見出された。

(2) pre 調査と post 調査のそれぞれにおいて，両尺度の下位尺度得点間の相関関係を調べたところ，第 2・3・4 回のワークショップの pre・post 調査のすべて（計 6 回の調査）において，SGE グループ過程得点と松浦・清水尺度の「居心地のよさ」との間には，有意にやや高い相関関係が見出された。

　松浦・清水尺度の下位尺度「居心地の良さ」は，「親しめる―親しめない，なごやかな―とげとげしい，なじみやすい―なじみにくい，快適―不快，空虚な―充実した，味わいのある-味気無い，受容的な―拒否的な，躍動している―留まっている，暖かい―冷たい，居にくい―居やすい，支離滅裂な――貫した」といった項目から構成されている。

　「親しめる―親しめない，なごやかな―とげとげしい，なじみやすい―なじみにくい，快適―不快」といった項目は，メンバー相互の受容や，他者の発言に対する理解的態度や共感的理解を基盤として，個人とグループとの間の心理的距離に焦点づけられていると考えられる。また「空虚な―充実した，味わいのある―味気無い，躍動している―留まっている，支離滅裂な――貫した」といった項目は，メンバー相互のエンカウンターという個人の内面性そのものに焦点づけられているといえる。

第4章 研究1 構成的グループエンカウンターにおけるグループ過程の変化

　一方，SGEグループ過程尺度は，居心地やメンバー同士の防衛のなさや自由感，被受容感などに焦点づけた「ふれあい」という交流体験そのものを問うている。換言すれば，意識化された認知的・感情的・行動的側面の「あるがままの自己」の，言語的ないし非言語的手段による，今ここでの「インターラクション」それ自体を問うている。

　両尺度を構成している項目の意味的差異はあるにしても，松浦・清水尺度の下位尺度「居心地の良さ」得点と，SGEグループ過程尺度得点との間の高い相関関係は了解できる。

(3)　SGEグループ過程得点と松浦・清水尺度の下位尺度「親密感」との間には，6回の調査のうち4回において有意にやや高い相関関係が見出された。2回分では相関関係が見出されなかった。

　松浦・清水尺度の「親密感」は，「気楽な―堅苦しい，わかりにくい―わかりやすい，とけこみにくい―とけこみやすい，親切な―不親切な，つまらない―面白い，過ごしにくい―過ごしやすい，張りつめた―ゆったりとした」といった7項目からなる。

　これらの項目は，グループの「親密な雰囲気」といったグループ環境に視点があてられているといえる。

　SGEの場合は，参加メンバーのグループサイズの平均は32名と，ベーシック・エンカウンターグループからみれば2倍の大きさになる。毎回のエクササイズごとというわけではないが，エクササイズに取り組むときの小グループは一定ではない。

　以上の構成と非構成のエンカウンターグループの構造上の相違が，SGEグループ過程得点と，松浦・清水尺度の下位尺度「親密感」得点との間の相関関係の出方に影響していると考えられる。

(4)　SGEグループ過程得点と松浦・清水尺度の下位尺度「グループの成長」との間には，6回の調査のうち3回において，有意の相関関係が見出され，

1回において有意の傾向の相関関係が見出された。しかし，2回において相関関係は見出されなかった。

　松浦・清水尺度の「グループの成長」は，「活発な―停滞した，熱気のある―熱気のない，変化のある―変化のない，動きのない―動きのある，下降的―上昇的，まとまっている―まとまっていない，有益な―無益な」といった項目から構成されている。

　これらの項目は，①グループ内の言語的ないし非言語的コミュニケーションの変化と動き，メンバー間の凝集性といったグループの力動，②グループに対する価値的判断にフォーカスされたものといえる。

　前述の如く，SGEグループ過程尺度は，居心地やメンバー同士の防衛のなさや自由感，被受容感などに焦点づけた「ふれあい」という交流体験そのものを問うている。

　このような尺度項目の相違が，松浦・清水尺度の下位尺度「グループの成長」得点と，SGEグループ過程尺度得点との間の相関関係の出方に影響していると考えられる。

第4章 研究1 構成的グループエンカウンターにおけるグループ過程の変化

第2節 SGEグループ過程の変化

　メンバーの自己開示の積み重ねであるSGEグループ体験の過程が，どのように変化するのかを調べることが，研究1の主題である。本研究は，SGEグループ過程の変化を明らかにするところに目的がある。
　ここでは，第1節で開発したSGEグループ過程尺度を用いて測定し，得られた結果をもとに，このSGEグループ過程の変化を考察する。

1 目 的

　SGEグループ過程では，メンバーは自己の一側面についての認知的・感情的・行動的側面の個人的な気づき，または自分についての探求の過程を発言したり，過去の出来事に伴う感情を吐露したり，否定的な瞬時の対人感情を表明したりすることが，実践的知見から知られている。
　例えば，次のとおりである。
「私の話し方は，だらだらと長いと指摘されました。言われてみれば，前置きがとても長いのです。一部始終を話さないと気がすまないというか，わかってもらえないのではないか，という不安があるのだと思います」
「自分の感情を言ってください，と言われましたけど，自分ではそうしているつもりでいました。私の言っていることは，感情を話しているのではないのでしょうか。感情を言うって，どういうことでしょうか」
「父の死に間に合わなかった私は，慚愧の念でいっぱいです。知らせを受けたとき，何もかも放り出して駆けつけるべきだったのです。たとえ上司から何と言われようとも。もしかしたら，私の上司は冷たい方ではなかったかもしれません。すぐ駆けつけろと言ってくれたかもしれません。上司の心証を悪くしてはならないと，上司の心証と父の死を天秤にかけてしまって，躊躇

していた自分がいるのです。なんと薄情なんだろうと…」
「共同描画で，○○さんが私の描いた部分に隣接して描いたのです。私のものとまったく合わない絵を描いたのです。私の絵がこれでは台無しになってしまったと，とても不快に思ってしまって，描く気がしなくなってしまったんです」

　グループ過程では，メンバー相互の受容や，他者の発言に対する理解的態度や，共感的理解が主要な関心事となっている。SGE グループ過程とは，エクササイズやシェアリングを通して，メンバー間に生じ，意識化言語化された認知的・感情的・行動的側面の，あるがままの自己の，言語的ないし非言語的手段による，今ここでのインターラクション過程といえる。

　ここでは，気づいた「あるがままの自己」の交流体験（「ふれあい」）の深まりの度合いと，その変化が着目される。つまり，グループにおける居心地や，メンバー同士の防衛のなさや自由感，被受容感の程度や変化について言及する。

2　方　法

(1)　研究対象

　第1節で記述した，集中的グループ体験を目標とした SGE 体験コース（2泊3日）に参加した成人126名（男44名，女82名）が，研究の対象である（**Table1**）。

(2)　SGE グループ過程尺度

　第1節で確定された11項目からなる「SGE グループ過程尺度」（**Table2**）を，前述の4回の集中的グループ体験「SGE 体験コース（2泊3日）」の参加者に対して使用した。

　SGE グループ過程は，気づいた「あるがままの自己」（体感，ホンネ，本心）の，言語的ないし非言語的手段による交流体験の深まりの度合いが着目されることとなる。すなわち，SGE グループ過程尺度では，グループにお

第4章 研究1 構成的グループエンカウンターにおけるグループ過程の変化

ける居心地や，メンバー同士の防衛のなさや自由感，被受容感などに焦点づけて，尺度の項目を策定した。

その結果，1因子が抽出され，因子負荷量が.50未満の2項目を削除した。寄与率は64%であった。クロンバックのα係数は$\alpha=.93$であり，十分な信頼性が得られているといえる。

(3) 調査の実施

SGEグループ過程尺度と松浦・清水尺度の2尺度を用い，ワークショップ開始時（pre調査）とワークショップ終了直後（post調査）にグループ過程に関する調査を実施した。

(4) 分析方法

pre調査の得点と，post調査の得点との間の変化をみるために，対応のある差のt検定を行った。

3 結 果

SGEグループ過程の変化を調べるために，pre得点とpost得点間の対応のある差のt検定を行ったところ，第2回・3回・4回のすべてにおいて，有意差が見出された。このことは，SGEグループ過程は，ワークショップ開始時に比べて，ワークショップ終了直後のほうがポジティブな方向に変化したことを示唆している。

(1) 第2回SGE体験コース参加者29名（男10名，女19名）を対象にして，ワークショップ開始時（pre調査）とワークショップ終了直後（post調査）に，SGEグループ過程尺度及び松浦・清水尺度に回答を求めた。得られた資料をもとに，pre調査の得点とpost調査の得点との間の変化をみるために，対応のある差のt検定を行った。

結果は以下のとおりである。SGEグループ過程得点の平均値は，preで

第2節 SGEグループ過程の変化

は35.07,postでは39.93であった（$p<.01$）。このことは，SGEグループ過程がワークショップの開始時に比べて，ワークショップ終了直後のほうがポジティブな方向に変化したことを示唆している。

また，松浦・清水尺度得点の平均値の変化をみると，松浦・清水尺度合計点の平均値はpreでは82.07,postでは99.38であった（$p<.001$）。このことは，SGEグループ過程がワークショップの開始時に比べて，ワークショップ終了直後のほうがポジティブな方向に変化したことを示唆している（**Table6**）。

松浦・清水尺度の下位尺度「居心地の良さ」は，preでは36.72,postでは46.10であった（$p<.001$）。「グループの成長」は，preでは22.10,postでは26.38であった（$p<.001$）。「親密感」は，preでは23.24,postでは26.90であった（$p<.001$）（**Table6**）。これらのことは，SGEグループ過程がワークショップの開始時に比べて，ワークショップ終了直後のほうがポジティブな方向に変化したことを示唆している。

(2) 第3回SGE体験コース参加者34名（男15名，女19名）を対象にして，ワークショップ開始時（pre調査）とワークショップ終了直後（post調査）に，SGEグループ過程尺度及び松浦・清水尺度に回答を求めた。得られた資料をもとに，pre調査の得点とpost調査の得点との間の変化をみるために，対応のある差のt検定を行った。

結果は以下のとおりである。SGEグループ過程得点の平均値は，preでは40.56,postでは48.85であった（$p<.001$）。このことは，SGEグループ過程がワークショップの開始時に比べて，ワークショップ終了直後のほうがポジティブな方向に変化したことを示唆している。

松浦・清水尺度得点の変化をみると，松浦・清水尺度合計点の平均値は，preでは88.97,postでは100.21であった（$p<.001$）。このことは，SGEグループ過程がワークショップの開始時に比べて，ワークショップ終了直後のほうがポジティブな方向に変化したことを示唆している（**Table7**）。

第4章 研究1 構成的グループエンカウンターにおけるグループ過程の変化

　松浦・清水尺度の下位尺度「居心地の良さ」は，pre では41.59，post では48.32であった（p＜.001）。「グループの成長」は，pre では22.85，post では24.03であった（p＜.05）。「親密感」は，pre では24.53，post では27.85であった（p＜.001）(**Table7**)。これらのことは，SGE グループ過程がワークショップの開始時に比べて，ワークショップ終了直後のほうがポジティブな方向に変化したことを示唆している。

(3)　第4回 SGE 体験コース参加者32名（男9名，女23名）を対象にして，ワークショップ開始時（pre 調査）とワークショップ終了直後（post 調査）に，SGE グループ過程尺度及び松浦・清水尺度に回答を求めた。得られた資料をもとに，pre 調査の得点と post 調査の得点との間の変化をみるために，対応のある差のt検定を行った。

　結果は以下のとおりである。SGE グループ過程得点の平均値は，pre では42.25，post では47.72であった（p＜.001）。このことは，SGE グループ過程がワークショップの開始時に比べて，ワークショップ終了直後のほうがポジティブな方向に変化したことを示唆している。

　松浦・清水尺度得点の変化をみると，松浦・清水尺度合計点の平均値は，pre では89.63，post では99.75であった（p＜.001）。このことは，SGE グループ過程がワークショップの開始時に比べて，ワークショップ終了直後のほうがポジティブな方向に変化したことを示唆している（**Table8**）。

　松浦・清水尺度の下位尺度「居心地の良さ」は，pre では40.88，post では46.22であった（p＜.001）。「グループの成長」は，pre では23.38，post では24.97であった（p＜.05 ）。「親密感」は，pre では25.38，post では28.56であった（p＜.001）(**Table8**)。これらのことは，SGE グループ過程がワークショップの開始時に比べて，ワークショップ終了直後のほうがポジティブな方向に変化したことを示唆している。

第2節 SGEグループ過程の変化

Table6 SGEグループ過程得点・松浦清水グループ過程得点の
平均値の変化（第2回体験コース）

		平均	標準偏差	t値
pre	SGEグループ過程	35.069	7.860	3.571 **
post	SGEグループ過程	39.931	5.800	

		平均	標準偏差	t値
pre	グループ（松浦・清水）合計	82.069	11.193	7.692 ***
post	グループ（松浦・清水）合計	99.379	8.474	

		平均	標準偏差	t値
pre	居心地のよさ	36.724	5.744	7.497 ***
post	居心地のよさ	46.103	4.685	

		平均	標準偏差	t値
pre	グループの成長	22.103	2.895	6.813 ***
post	グループの成長	26.379	2.060	

		平均	標準偏差	t値
pre	親密感	23.241	3.642	5.501 ***
post	親密感	26.897	2.944	

* P < .05%　　** P < .01%　　*** P < .001%

第4章 研究1 構成的グループエンカウンターにおけるグループ過程の変化

Table7 SGEグループ過程得点・松浦清水グループ過程得点の平均値の変化（第3回体験コース）

		平均	標準偏差	t値
pre	SGEグループ過程	40.559	6.258	-7.014 ***
post	SGEグループ過程	48.853	6.481	

		平均	標準偏差	t値
pre	グループ（松浦・清水）合計	88.971	10.487	-6.140 ***
post	グループ（松浦・清水）合計	100.206	8.971	

		平均	標準偏差	t値
pre	居心地のよさ	41.588	5.960	-6.489 ***
post	居心地のよさ	48.324	4.928	

		平均	標準偏差	t値
pre	グループの成長	22.853	2.285	-2.104 *
post	グループの成長	24.029	2.468	

		平均	標準偏差	t値
pre	親密感	24.529	3.816	-5.001 ***
post	親密感	27.853	2.819	

* P < .05%　　** P < .01%　　*** P < .001%

第2節 SGEグループ過程の変化

Table 8　SGEグループ過程得点・松浦清水グループ過程得点の
　　　　平均値の変化（第4回体験コース）

		平均	標準偏差	t値
pre	SGEグループ過程	42.250	6.456	-4.049 ***
post	SGEグループ過程	47.719	5.037	

		平均	標準偏差	t値
pre	グループ（松浦・清水）合計	89.625	9.044	-5.882 ***
post	グループ（松浦・清水）合計	99.750	8.788	

		平均	標準偏差	t値
pre	居心地のよさ	40.875	4.904	-4.669 ***
post	居心地のよさ	46.219	4.897	

		平均	標準偏差	t値
pre	グループの成長	23.375	2.446	-3.899 *
post	グループの成長	24.969	1.942	

		平均	標準偏差	t値
pre	親密感	25.375	3.386	-5.536 ***
post	親密感	28.563	2.873	

* P < .05%　　** P < .01%　　*** P < .001%

第4章 研究1 構成的グループエンカウンターにおけるグループ過程の変化

4 考　察

(1)　グループ体験の集中的な積み重ねであるSGEのグループ過程は，ワークショップの開始時に比べて終了直後のほうが，いっそう肯定的な方向に変化したと考えられる。

　SGEの実践的知見から述べれば，グループ過程では，自己の一側面についての認知的・感情的・行動的側面の個人的な気づき，または探求したことを発言したり，過去の出来事に伴う感情及び，今ここでの感情を披瀝したり，否定的な瞬時の対人感情を吐露したり，個人的に意味のある，自己の一面の表明と探求に関して発言したりする。

　グループ過程では，メンバー相互の受容や，他者の発言に対する受容的・共感的態度が重要となる。気づいた「あるがままの自己」（体感，ホンネ，本心）に対する受容的・共感的態度が成長する。

　本結果は，片野・吉田「大学生の構成的エンカウンター・グループにおける人間関係プロセスに関する一研究」(1989)，及び片野・吉田・中山「『ふれあいセミナー』のグループ・プロセスに関する研究―その1.セミナーの雰囲気とメンバーの感情の変化―」(1993)の研究結果とも一致する（P69，71参照）。

(2)　これらのSGEグループ過程を，ベーシック・エンカウンターグループのものと比較してみると，次のことがいえる。

　ロジャーズ（1973）は，「エンカウンター・グループのプロセス」を発展的に把握している。つまり，7段階の発展を設定している。

第1段階：話す内容は主として外面的な事柄についてである。ここでは感情・個人的意味は認識されていない。密接な関係は危険だと解釈されている。
第2段階：メンバー個人は自分の主観的経験から遠く離れている。自分自

> 身を客体として矛盾した話をすることもある。
> 第3段階：今ここにはない感情及び個人的意味を多く述べる。つまり過去との関連でこれらが話される。
> 第4段階：今ここでの感情と個人的意味が自由に叙述される。しかしはげしい感情は今あるものとしては話されない。
> 第5段階：多くの感情が生起した瞬間に自由に表明される。自分の中にある問題に対してはっきりした責任を感じる。
> 第6段階：生々しく，劇的で，解放的な体験をする。自己を客体として意識することはそんなに多くはない。メンバーは自分の感情により近づき，感情が生じたときにすぐにその感情を表明し始める。個人の堅い構成概念（例：固定観念，先入観）というものが自分の中で起こり，動くものであると認識する。
> 終結段階：多くのメンバーが苦痛と悩みをもっている人に対して，援助的・促進的・治療的態度で接する自然で自発的な動きが見出される。

野島（1977）は，次のような7段階を設定している。

> 段階Ⅰ：当惑・模索
> 段階Ⅱ：グループの目的・同一性の模索
> 段階Ⅲ：否定的感情の表明
> 段階Ⅳ：相互信頼の発展
> 段階Ⅴ：親密感の確立
> 段階Ⅵ：深い相互関係と自己直面
> 段階Ⅶ：終結段階

　以上に挙げた，ベーシック・エンカウンターグループの発展段階における初期のグループ過程は，SGEグループ過程にはないといえる。
　すなわち，第1段階の，話す内容が主として外面的な事柄に関するもので

第4章 研究1 構成的グループエンカウンターにおけるグループ過程の変化

あったり，感情・個人的意味が認識されていないとか，密接な関係は危険だと解釈されている，といった過程はない。また，第2段階の，メンバー個人が自分の主観的経験から遠く離れているとか，自分自身を客体として矛盾した話をすることもある，といった過程はない。第3段階の，今ここにはない感情及び個人的意味を多く述べるとか，過去との関連でこれらが話される，といった過程は，SGEグループ過程にはない。

SGEグループ過程には，これらの過程がなぜないのか。それは以下の理由によると考えられる。

参加者は受付（受付時間30分間）を済ませたあと，座っている前後・左右の参加者と，リチュアル「出会いの握手」をする。主宰者の挨拶のあと，オリエンテーションが始まる。リーダーがワークショップの目的，内容（すすめ方），留意点，役割任命，スタッフ紹介，諸連絡，そしてショート・レクチャーで終わる。昼食時間は役割ごとにグループで食事し，その後役割（諸係）について話しあう。役割を例示すれば，受付係（受付終了後は手の足りない係を援助する），音楽係，学習環境係，点呼係，スナック係，保健係などである。役割交流がここで行われる。

すなわち，SGEでは，グループ過程の初期段階から交流できるように構成されている。ここに両グループの構造上の相違がある。このようなSGEグループ過程が，pre調査に反映していると考えられる。

ロジャーズは，グループ過程の最終段階では，多くのメンバーが苦痛と悩みをもっている人に対して，援助的・促進的・治療的態度で接する，自然で自発的な動きが見出されると指摘している。SGEグループ過程でも，ベーシックの場合と同じで，メンバーは自然で自発的で能動的な動きをする。しかし，この動きは援助的・促進的ではあるが「治療的態度」ではない。むしろ啓発的・開発的・教育的である。それはモデリングの対象たるリーダーの意識の中に，治療的な見方や対応をするという意識が少ないからではないかと思われる。

第5章

研究2 構成的グループエンカウンターにおける個人過程の変化

　前章の研究1においては，集中的グループ体験における，メンバー間のあるがままの自己同士の交流の過程（「ふれあい」）に着目したグループ過程を取りあげた。本研究2では，SGE個人過程を取りあげる。
　集中的グループ体験である構成的グループエンカウンターにおける個人過程を解明するために，個人過程尺度を用いて，SGE個人過程を測定するという方法を用いる。本章では，SGE個人過程尺度の開発（第1節）及びSGE個人過程の変化（第2節）について検討する。

第5章 研究2 構成的グループエンカウンターにおける個人過程の変化

第1節 SGE個人過程尺度の開発

　本節では，構成的グループエンカウンター（SGE）の個人過程の変化を測定するための「SGE個人過程尺度の開発」に関して記述する。すなわち，尺度開発の手続きとその結果について記述し考察する。

1　目　的

　研究2の目的の一つは，SGE集中的グループ体験の個人過程を測定する尺度を開発することにある。

　個人過程とは，主としてグループ過程やエクササイズ，シェアリングが触媒になって，参加メンバー個々の自己への意識や，固有の人生経験・体験，見方・考え方・価値観に関連した個人的な認知的・感情的・行動的側面に起こる，あるがままの自己の過程という意味である。

　筆者の研究（1994a, b, c, 1999）と，25年間のSGE実践の知見からは，次のようなことがいえる。
① エンカウンターは，「あるがままの自己」の自己開示である。これが，メンバー同士やメンバーとリーダー間のリレーションを形成する。
② エクササイズは，ふれあいの触媒である。ふれあい，またはリレーションが形成されていると，体験したエクササイズや他者の発言に触発されて，問題を抱えた，あるがままの自己がいっそう語られるようになる。すなわち「やむにやまれぬ情念（思念）に駆られて」，あるがままの自己が露呈されるようになる。話したり語ったりすること自体が，抱えている問題の明確化や克服・解決につながる。
③ SGEでは，メンバーは，あるがままの自己に気づき，気づいたあるがままの自己を表現・主張する。あるがままの自己になりきっている他者を

受けいれる。

④ シェアリングによって，メンバーの認知の修正や拡大がもたらされ，これが行動変容を誘発する。

以上の4点，すなわち，あるがままの自己の自己開示（自己露呈）体験，自己を開示して語ること自体が，問題解決・行動変容につながること，自己主張体験，自己や外界に対する認知の修正・拡大は，SGEワークショップのリーダーの念頭に，常におかれねばならない。換言すれば，構成されたエンカウンターの，集中的グループ体験の個人過程を検討する場合，以上の4点ははずせない視点となってくる。

社会心理学の視点からいえば，このようなSGE個人過程は，自己過程研究のカテゴリの中でとらえることができる。自己過程（self-process）とは，次のように定義される（中村，1990）。

「われわれは，自分が自分に注目し，自分の特徴を自分で描くことができるようになり，その描いた姿についての評価（良い―悪い，満足―不満足，誇らしい―恥ずかしい，など）を行い，さらに，そのような自分の姿を他人にさらけだしたり，具合の悪いところは隠したり修飾したりする一連の現象的過程（phenomenal process）としてとらえる」

自己過程は4段階の位相をなしている。第1位相は，自己の姿への「注目」（自己意識や自己フォーカス），第2位相は「把握」（自己概念，自己帰属，セルフ・スキーマ），第3位相は「評価」（自己評価，自己感情），第4位相は「表出」（自己呈示，自己開示）の4段階である。

これらは，注意が自分自身に向いている心理的過程である。これを客体的自覚状態（self-awareness）ないし自己焦点注意（self-focused attention）という。また，ここに描写した自己は，私的自己意識（private self-consciousness）である。この自己意識は，そのときその場での気づきとしての自己意識である。これらは，グループ過程という社会的相互作用の過程では，

第5章 研究2 構成的グループエンカウンターにおける個人過程の変化

頻繁に喚起される意識といえる。

SGE の実践的知見からいえば、これらの側面の、あるがままの自己が意識化され、非言語的または言語的コミュニケーションによって、表現・主張されることによって、行動変容が発現すると考えられる。

これを測定するための尺度を、本節では開発する。

2 方 法

(1) 研究対象

前章の研究1で記した特定非営利活動法人、日本教育カウンセラー協会主催の、集中的グループ体験に参加した成人126名（男43名、女83名）である（table 1）。

(2) SGE 個人過程尺度の作成

集中的グループ体験における SGE の個人過程を調べる場合、以下の4点が主要な要素であることを前述した。
① エクササイズやシェアリングを介しての、あるがままの自己の開示（自己露呈）体験
② 自己を開示し語ること自体が、問題解決・行動変容につながること
③ 自己主張体験
④ 自己や外界に対する認知の修正・拡大

これを踏まえ、当初30項目からなる「SGE 個人過程尺度」（回答は5件法）を作成した。項目の策定は、ベーシック・エンカウンターグループの先行研究、及び筆者の研究「構成的エンカウンター・グループ参加者の体験的事実の検討」(1994)、「構成的エンカウンター・グループ参加者の体験的事実の検討：その2」(1995) や SGE の実践的知見をもとに行った。すなわち、自己露呈、自己主張、自己に対する認知の修正や拡大に焦点づけて策定した。

次に、尺度の信頼性を調べるために、1泊2日の集中的グループ体験 SGE ワークショップ参加者、成人208名（男54名、女154名）に回答を求め、

因子的整合性をみるために，主因子法による因子分析（バリマックス回転）を行った。尺度の内的整合性をみるために，クロンバックの α 係数を算出した。

バリマックス回転した結果，16項目・4因子が抽出された。すなわち，①固有値が1以上であること，②寄与率が40％以上であること，③因子負荷量が.40以上であること，④ α 係数が.65以上であること，これら4条件を満たす因子パターンについて抽出した。4因子の累積寄与率は60.50％であった。第1因子は4項目，第2因子は4項目，第3因子は3項目，第4因子は5項目であり，各因子のクロンバックの α 係数は，それぞれ.67，.75，.66，.78であった（**Table 9**）。因子間の内部相関関係は，**Table10**に示した。

第1因子は，「相手に対する気持ち」や「家族の悩みごと」をはじめとして，これまでの人生における，みじめな体験など「ふだんなら言わないようなこと」の自己開示について言及しているので，**「自己露呈」**と命名した。これは，自己開示の下位概念と考えられる。心的外傷ないしそれに類するほどの深い内容を開示する場合，開示者の心理的過程に着目して命名した。

第2因子は，他者から「よく思われたいという気持ちから，自分を曲げてしまう」「引っ込み思案になっている」「振舞いが不自然」で「気持ちが萎縮してしまう」というようなことから**「自己歪曲」**と命名した。ロジャーズは，自己概念の崩壊を防ぐ自己防衛の一つとして「歪曲 distort」を挙げている。これは「俗にいう，ひねくれ」（國分，1980）である。第2因子を「自己歪曲」と命名したのは，失愛恐怖から，あるがままの自己を歪曲してしまうという意味である。

第3因子は「相手をうらやましいと思う」「自己嫌悪」「自己卑下」についてふれているので，**「自己否定」**と命名した。

第4因子は，自分の「言いたいことを主張できる」「相手と異なる気持ちでも伝えることができる」「自分のことは自分で決めている」というような，自分のホンネを表明し，打ち出していくという内容であるので，**「自己主張」**と命名した。

これにより，4因子16項目なるSGE個人過程尺度を確定した。

第5章 研究2 構成的グループエンカウンターにおける個人過程の変化

Table9　SGE個人過程尺度の項目と因子負荷量

		因子1	因子2	因子3	因子4
①	相手に対する自分の気持ちを話したくなる	.76	-.11	.08	.13
②	家族の悩みごとでも話したくなる	.73	.11	-.08	.15
③	ふだんなら言わないようなことでも話したくなる	.70	-.10	.14	.24
④	これまでの人生で得意気分になったことやみじめだった体験などを話してもいい	.64	-.14	-.06	.35
⑤	人に良く思われたいという気持ちから自分を曲げてしまう	.03	.80	.23	-.17
⑥	相手に嫌われたくないので引っ込み思案になっている	-.08	.75	.20	-.13
⑦	相手に対して振舞いが不自然になる	.01	.71	-.05	-.25
⑧	気持ちが萎縮してしまう	-.18	.65	.20	-.13
⑨	相手をうらやましいと感じる	.14	.01	.81	.06
⑩	相手と自分を比べてしまい自己嫌悪を感じる	-.02	.35	.71	-.16
⑪	相手と比べ自分には「いいところ」はないと卑下してしまう	-.08	.35	.60	-.25
⑫	相手と異なる気持ちでも伝えることができる	.19	-.19	.04	.82
⑬	自分のいいたいことを主張できる	.26	-.16	-.02	.80
⑭	人に左右されることなく自分のことは自分で決めている	.10	-.18	-.24	.73
⑮	自分の意見や考えをはっきり主張できる	.34	-.09	-.18	.58
⑯	自然な話し方ができる	.24	-.31	-.01	.55
	固有値	5.16	2.38	1.11	1.00
	寄与率（%）	32.3	14.9	7.0	6.3
	α係数	.67	.75	.66	.78

第1節 SGE個人過程尺度の開発

Table10　SGE個人過程尺度の因子間の内部相関関係

	因子1	因子2	因子3	因子4
因子1	—	-.206**	-.043 n.s.	.552***
因子2		—	.476***	-.475***
因子3			—	-.300***
因子4				—

** P < .01　　*** P < .001

(3)　分析方法

　SGE個人過程尺度の併存的妥当性をみるために，平山個人過程尺度（1993a）との相関関係を分析した。

　平山尺度は，ベーシック・エンカウンターグループ用に作成されたものである。30項目から構成される尺度であり，「自然な自己表現」「自己理解」「出会い欲求」「自由への戸惑い」「他者理解」「自己拘束」「グループ創造可能感」の7下位尺度から構成されている。バリマックス回転による因子分析の結果，累積寄与率は63.10%，各因子のクロンバックのα係数は.744, .784, .832, .787, .718, .799, .754であるので，平山尺度の信頼性は十分に高い。

3　結　果

　SGE個人過程尺度の併存的妥当性をみるために，平山個人過程尺度との相関関係を分析した。

　以下の結果から，SGE個人過程尺度の妥当性は支持された。

第5章 研究2　構成的グループエンカウンターにおける個人過程の変化

(1)　第2回SGE体験コース参加者29名（男10名，女19名）を対象にして，ワークショップ開始時（pre調査）とワークショップ終了直後（post調査）に，SGE個人過程尺度及び平山個人過程尺度に回答を求めた。

　得られた資料をもとに，pre調査とpost調査のそれぞれにおける両尺度間の相関関係をみたところ，合計得点では.686（pre，$p<.001$），.703（post，$p<.001$）と有意に高い相関関係が見出された**(Table11)**。

　pre調査におけるSGE個人過程尺度の合計点と，平山尺度の下位尺度「自己拘束」得点（$p<.001$），「自然な自己表現」得点（$p<.01$），「自由への戸惑い」得点（$p<.01$），「自己理解」得点（$p<.05$），「グループ創造可能感」得点（$p<.05$）との間で，有意の相関関係が見出された。「出会い欲求」得点との間では，有意の傾向が見出された。しかし「他者理解」得点との間では，相関関係は見出せなかった。

　pre調査における，SGE個人過程尺度の下位尺度「自己露呈」得点は，平山尺度の合計得点（$p<.001$），下位尺度「自己理解」得点（$p<.01$），「グループの創造可能感」得点（$p<.01$），「自由への戸惑い」得点（$p<.01$）との間で，有意の相関関係が見出された。

　SGE個人過程尺度の下位尺度「自己歪曲」得点は，平山尺度の合計得点（$p<.05$），下位尺度「自然な自己表現」得点（$p<.01$），「自己拘束」得点（$p<.001$）との間で，有意の相関関係が見出された。

　SGE個人過程尺度の下位尺度「自己否定」得点は，平山尺度の合計点との間では相関関係が見出されなかった。平山尺度の下位尺度「自己拘束」得点（$p<.01$）との間で，有意の相関関係が見出された。

　SGE個人過程尺度の下位尺度「自己主張」得点は，平山尺度の合計得点（$p<.001$），下位尺度「出会い欲求」得点（$p<.001$），「自己理解」得点（$p<.01$），「自己拘束」得点（$p<.01$），「自然な自己表現」得点（$p<.01$），「自由への戸惑い」（$p<.05$）との間で，有意の相関関係が見出された。

　post調査における，SGE個人過程尺度の合計点と，平山尺度の下位尺度「自己拘束」（$p<.001$），「自然な自己表現」（$p<.001$），「他者理解」（$p<.01$），

「自由への戸惑い」（p＜.01）の得点との間で，有意の相関関係が見出された。「グループ創造可能感」との間では，有意の傾向の相関関係が見出された。しかし「自己理解」「出会い欲求」との間では，相関関係は見出せなかった。

　post調査における，SGE個人過程尺度の下位尺度「自己露呈」得点は，平山尺度の合計得点（p＜.001），「出会い欲求」得点（p＜.001），「自己拘束」得点（p＜.001），「他者理解」得点（p＜.001），「グループの創造可能感」得点（p＜.01），「自然な自己表現」得点（p＜.01）との間で，有意な相関関係が見出された。

　SGE個人過程尺度の下位尺度「自己歪曲」得点は，平山尺度の合計得点（p＜.01），「自己拘束」得点（p＜.001），「自然な自己表現」得点（p＜.001），「自由への戸惑い」得点（p＜.01）との間で，有意な相関関係が見出された。

　SGE個人過程尺度の下位尺度「自己否定」得点は，平山尺度の合計得点（p＜.05），「自然な自己表現」得点（p＜.01），「自己拘束」得点（p＜.01）との間で，有意な相関関係が見出された。

　SGE個人過程尺度の下位尺度「自己主張」得点は，平山尺度の合計得点（p＜.01），「自然な自己表現」得点（p＜.001），「自己拘束」得点（p＜.01）との間で，有意な相関関係が見出された**（Table11）**。

(2)　第3回SGE体験コース参加者34名（男16名，女18名）を対象にして，ワークショップ開始時（pre調査）と，ワークショップ終了直後（post調査）に，SGE個人過程尺度及び平山尺度に回答を求めた。

　得られた資料をもとに，pre調査とpost調査のそれぞれにおける両尺度間の相関関係をみたところ，合計得点では.521（pre, p＜.01），.789（post, p＜.001）と有意の相関関係が見出された**（Table12）**。

　pre調査におけるSGE個人過程尺度の合計点と，平山尺度の下位尺度「自己拘束」得点（p＜.001），「自然な自己表現」得点（p＜.01），「他者理解」得点（p＜.01），「自由への戸惑い」得点（p＜.05），との間で，有意の相関関係が見出された。しかし「自己理解」得点，「出会い欲求」得点，「グルー

第5章 研究2 構成的グループエンカウンターにおける個人過程の変化

プ創造可能感」得点との間では，相関関係は見出せなかった。

　pre調査における，SGE個人過程尺度の下位尺度「自己露呈」得点は，平山尺度の合計点（$p<.001$），「他者理解」得点（$p<.01$），「自己拘束」得点（$p<.01$），「出会い欲求」得点（$p<.01$），「自由への戸惑い」得点（$p<.05$），「自然な自己表現」得点（$p<.05$）との間に，有意の相関関係が見出された。

　SGE個人過程尺度の下位尺度「自己歪曲」得点は，平山尺度の合計得点との間には，有意の相関関係は見出されなかった。平山尺度の下位尺度の「他者理解」得点（$p<.05$）との間で，有意の相関関係が見出された。「自然な自己表現」得点（傾向），「自己拘束」得点（傾向），「自由への戸惑い」得点（傾向）との間で有意の傾向が見出された。

　SGE個人過程尺度の下位尺度「自己否定」得点は，平山尺度の合計点との間では，相関関係が見出されなかった。平山尺度の下位尺度「自己理解」得点（$p<.05$）との間で，有意の相関関係が見出された。

　SGE個人過程尺度の下位尺度「自己主張」得点は，平山尺度の合計得点（$p<.001$），下位尺度の「自己拘束」得点（$p<.001$），「自然な自己表現」得点（$p<.01$），「他者理解」得点（$p<.05$），「自由への戸惑い」得点（$p<.05$）との間で，有意の相関関係が見出された。

　post調査における，SGE個人過程尺度の合計点と，平山尺度の下位尺度「自己拘束」得点（$p<.001$），「自然な自己表現」得点（$p<.001$），「自由への戸惑い」得点（$p<.01$），「出会い欲求」得点（$p<.05$），「他者理解」得点（$p<.05$）との間で，有意の相関関係が見出された。「自己理解」得点との間では，有意の傾向が見出された。しかし「グループ創造可能感」との間では，相関関係は見出されなかった。

　post調査における，SGE個人過程尺度の下位尺度「自己露呈」得点は，平山尺度の合計点（$p<.001$），「自然な自己表現」得点（$p<.001$），「出会い欲求」得点（$p<.001$），「自己拘束」得点（$p<.001$），「自己理解」得点（$p<.001$），「他者理解」得点（$p<.05$）との間に，有意の相関関係が見出され

た。「自由への戸惑い」得点との間には，有意傾向が見出された。

　SGE個人過程尺度の下位尺度「自己歪曲」得点は，平山尺度の合計得点（p＜.001），下位尺度の「自己拘束」得点（p＜.001），「自然な自己表現」得点（p＜.01），「自由への戸惑い」得点（p＜.01），「他者理解」得点（p＜.05）との間で，有意の相関関係が見出された。

　SGE個人過程尺度の下位尺度「自己否定」得点は，平山尺度の合計点（p＜.01），下位尺度の「自己拘束」得点（p＜.001），「自然な自己表現」得点（p＜.001），「自由への戸惑い」得点（p＜.05）との間で，有意の相関関係が見出された。

　SGE個人過程尺度の下位尺度「自己主張」得点は，平山尺度の合計得点（p＜.001），下位尺度の「自己拘束」得点（p＜.001），「自然な自己表現」得点（p＜.001），「自由への戸惑い」得点（p＜.05），「出会い欲求」得点（p＜.05），「他者理解」得点（p＜.05）との間で，有意の相関関係が見出された（**Table12**）。

(3)　第4回SGE体験コース参加者32名（男8名，女24名）を対象にして，ワークショップ開始時（pre調査）とワークショップ終了直後（post調査）に，SGE個人過程尺度及び平山尺度に回答を求めた。

　得られた資料をもとに，pre調査とpost調査のそれぞれにおける両尺度間の相関関係をみたところ，合計得点では.686（pre，p＜.001），.799（post，p＜.001）と，それぞれにやや高い相関関係が見出された（**Table13**）。

　pre調査におけるSGE個人過程尺度の合計点と，平山尺度の下位尺度「自由への戸惑い」得点（p＜.01），「自然な自己表現」得点（p＜.01），「自己拘束」得点（p＜.05），「グループの創造可能感」得点（p＜.05），「自己理解」得点（p＜.05）との間で，有意の相関関係が見出された。「出会い欲求」得点との間では，有意傾向が見出された。「他者理解」得点との間では，相関関係は見出せなかった。

　pre調査における，SGE個人過程尺度の下位尺度「自己露呈」得点は，

平山尺度の合計点（p＜.001），「出会い欲求」得点（p＜.001），「自己拘束」得点（p＜.01），「自由への戸惑い」得点（p＜.05）との間に，有意の相関関係が見出された。

SGE 個人過程尺度の下位尺度「自己歪曲」得点は，平山尺度の合計点（p＜.001），下位尺度の「自己拘束」得点（p＜.001），「自然な自己表現」得点（p＜.01），「グループの創造可能感」得点（p＜.05），「自由への戸惑い」得点（p＜.05）との間で，有意の相関関係が見出された。

SGE 個人過程尺度の下位尺度「自己否定」得点は，平山尺度の合計点（p＜.05），下位尺度「自然な自己表現」得点（p＜.01）との間で，有意の相関関係が見出された。

SGE 個人過程尺度の下位尺度「自己主張」得点は，平山尺度の合計得点（p＜.01），下位尺度の「自由への戸惑い」得点（p＜.01），「自己理解」（p＜.05）との間で，有意の相関関係が見出された。

post 調査における SGE 個人過程尺度の合計点と，平山尺度の下位尺度「自己拘束」得点（p＜.001），「自然な自己表現」得点（p＜.001），「他者理解」得点（p＜.01），「自由への戸惑い」得点（p＜.05），「自己理解」得点（p＜.05），「出会い欲求」得点（p＜.05）との間で，有意の相関関係が見出された。しかし「グループ創造可能感」得点との間では，相関関係は見出されなかった。

post 調査における，SGE 個人過程尺度の下位尺度「自己露呈」得点は，平山尺度の合計点（p＜.001），「自己拘束」得点（p＜.001），「出会い欲求」得点（p＜.001），「自然な自己表現」得点（p＜.01），「自己理解」得点（p＜.05），「他者理解」得点（p＜.05）との間に，有意の相関関係が見出された。

SGE 個人過程尺度の下位尺度「自己歪曲」得点は，平山尺度の合計得点（p＜.01），下位尺度の「自然な自己表現」得点（p＜.001），「自己拘束」得点（p＜.001），「出会い欲求」得点（有意傾向）との間で，有意の相関関係が見出された。

SGE 個人過程尺度の下位尺度「自己否定」得点は，平山尺度の合計点と

第1節　SGE 個人過程尺度の開発

の間で，有意の傾向の相関関係が見出された。しかし，他の下位尺度との間には，相関関係は見出されなかった。

　SGE 個人過程尺度の下位尺度「自己主張」得点は，平山尺度の合計得点（$p<.001$），下位尺度の「自由への戸惑い」得点（$p<.01$），「他者理解」得点（$p<.05$），「自然な自己表現」得点（$p<.05$），「自己拘束」得点（$p<.05$）との間で，有意の相関関係が見出された。「自己理解」得点（傾向），「グループの創造可能感」との間で，有意の傾向が見出された（**Table13**）。

第5章 研究2 構成的グループエンカウンターにおける個人過程の変化

Table11 SGE個人過程尺度と平山尺度との相関関係（第2回 SGE体験コース）

相関 pre

	自己露呈	自己歪曲	自己否定	自己主張	自然な自己表現	自己理解	出会い欲求	自由への戸惑い	他者理解	自己拘束	グループの創造可能感	SGE個人過程合計	平山個人過程合計
自己露呈	—	.204n.s.	.076n.s.	.513**	.168n.s.	.554**	.461**	.478**	.349†	.274n.s.	.511**	.619***	.615***
自己歪曲		—	.702***	.412*	.593**	.156n.s.	.049n.s.	.351†	-.005n.s.	.598***	.159n.s.	.798***	.402*
自己否定			—	.323†	.332†	-.157n.s.	-.247n.s.	.223n.s.	.090n.s.	.521**	.204n.s.	.711**	.142n.s.
自己主張				—	.529**	.587**	.635***	.447*	.312n.s.	.554**	.430*	.780***	.811***
自然な自己表現					—	.327†	.324†	.301n.s.	.082n.s.	.651***	.298n.s.	.563***	.672**
自己理解						—	.803***	.331†	.229n.s.	.256n.s.	.399n.s.	.402	.807***
出会い欲求							—	.297n.s.	-.033n.s.	.109n.s.	.285n.s.	.321†	.759***
自由への戸惑い								—	.076n.s.	.297n.s.	.312n.s.	.518n.s.	.571***
他者理解									—	.346†	.284n.s.	.256n.s.	.331†
自己拘束										—	.374*	.670***	.622**
グループの創造可能感											—	.448*	.591**
SGE個人過程合計												—	.686***
平山個人過程合計													—

相関 post

	自己露呈	自己歪曲	自己否定	自己主張	自然な自己表現	自己理解	出会い欲求	自由への戸惑い	他者理解	自己拘束	グループの創造可能感	SGE個人過程合計	平山個人過程合計
自己露呈	—	0.208n.s.	0.322†	0.512**	0.480**	.467*	.632***	.285n.s.	.552***	.601***	.534***	.606***	.771**
自己歪曲		—	0.695***	0.600***	0.621***	-.261n.s.	-.083n.s.	.530***	.351†	.697***	.216n.s.	.810***	.513**
自己否定			—	0.706***	0.525**	.016n.s.	-.014n.s.	.388†	.381*	.507**	.166n.s.	.862***	.457*
自己主張				—	0.690***	-.102n.s.	.164n.s.	.320†	.343†	.594**	.296n.s.	.893***	.549**
自然な自己表現					—	.069n.s.	.298n.s.	.399n.s.	.367†	.713***	.326†	.732***	.755***
自己理解						—	.536***	-.030n.s.	.475***	.015n.s.	.172n.s.	.004n.s.	.411*
出会い欲求							—	.063n.s.	.349†	.160n.s.	.421*	.191n.s.	.599***
自由への戸惑い								—	.243n.s.	.470**	.603***	.482**	.642***
他者理解									—	.329	.180n.s.	.497*	.577***
自己拘束										—	.525***	.753***	.767**
グループの創造可能感											—	.366†	.723***
SGE個人過程合計												—	.703***
平山個人過程合計													—

* P < .05　　** P < .01　　*** P < .001

第1節　SGE個人過程尺度の開発

Table12　SGE個人過程尺度と平山尺度との相関関係（第3回SGE体験コース）

相関 pre

pre	自己露呈	自己歪曲	自己否定	自己主張	自然な自己表現	自己理解	出会い欲求	自由への戸惑い	他者理解	自己拘束	グループの創造可能感	SGE個人過程合計	平山個人過程合計
自己露呈	—	.09 n.s.	.486**	.559***	.363*	.195 n.s.	.471**	.457*	.503**	.486**	.206 n.s.	.756***	.601***
自己歪曲		—	.486**	.436*	.337†	-.294 n.s.	-.013 n.s.	.32†	.43*	.343†	-.131 n.s.	.846***	.247 n.s.
自己否定			—	.151 n.s.	.299 n.s.	-.407*	-.145 n.s.	-.001 n.s.	.142 n.s.	.278 n.s.	-.004 n.s.	.542 n.s.	.053 n.s.
自己主張				—	.553***	.124 n.s.	.281 n.s.	.414*	.43*	.568***	.202 n.s.	.752***	.585***
自然な自己表現					—	-.046 n.s.	.063 n.s.	.31†	.203 n.s.	.814***	.463***	.53*	.639***
自己理解						—	.461**	.388*	.345†	-.024 n.s.	.338†	-.115 n.s.	.502**
出会い欲求							—	.567***	.377 n.s.	.29 n.s.	.436*	.216 n.s.	.688***
自由への戸惑い								—	.344†	.558**	.249 n.s.	.427*	.776***
他者理解									—	.19 n.s.	.3 n.s.	.53*	.564***
自己拘束										—	.427*	.574***	.758***
グループの創造可能感											—	.088 n.s.	.642***
SGE個人過程合計												—	.521**
平山個人過程合計													—

相関 post

pre	自己露呈	自己歪曲	自己否定	自己主張	自然な自己表現	自己理解	出会い欲求	自由への戸惑い	他者理解	自己拘束	グループの創造可能感	SGE個人過程合計	平山個人過程合計
自己露呈	—	.437*	.465**	.579***	.696***	.533***	.583***	.317†	.474*	.569***	.267 n.s.	.749***	.781***
自己歪曲		—	.702***	.766***	.525**	.179 n.s.	.272*	.499**	.36*	.679***	.193 n.s.	.876***	.611***
自己否定			—	.596***	.594***	.047 n.s.	-.022 n.s.	.397*	.184 n.s.	.681***	.242 n.s.	.812***	.493***
自己主張				—	.708***	.316†	.407*	.419*	.404*	.725***	.144 n.s.	.891***	.721***
自然な自己表現					—	.357†	.318†	.357*	.324†	.769***	.393*	.758***	.823***
自己理解						—	.385*	-.007 n.s.	.286 n.s.	.127 n.s.	.04 n.s.	.333†	.479**
出会い欲求							—	.137 n.s.	.727***	.273*	.146 n.s.	.389*	.664***
自由への戸惑い								—	.254 n.s.	.437*	.578***	.491**	.565***
他者理解									—	.246 n.s.	.279 n.s.	.435*	.656***
自己拘束										—	.297 n.s.	.796***	.748***
グループの創造可能感											—	.251 n.s.	.562***
SGE個人過程合計												—	.789***
平山個人過程合計													—

* P < .05　　** P < .01　　*** P < .001

第5章 研究2 構成的グループエンカウンターにおける個人過程の変化

Table13 SGE個人過程尺度と平山尺度との相関関係（第4回 SGE体験コース）

相関 pre

pre	自己露呈	自己歪曲	自己否定	自己主張	自然な自己表現	自己理解	出会い欲求	自由への戸惑い	他者理解	自己拘束	グループの創造可能感	SGE個人過程合計	平山個人過程合計
自己露呈	—	.493**	.025n.s.	.423*	.250n.s.	.178*	.620***	.380*	.130n.s.	.318**	.288n.s.	.660n.s.	.542***
自己歪曲		—	.272n.s.	.463**	.459**	.209n.s.	.219n.s.	.354*	.060n.s.	.619***	.357	.780***	.574***
自己否定			—	.309†	.502**	.292n.s.	.061n.s.	.164n.s.	.177n.s.	.161n.s.	.243n.s.	.526n.s.	.397
自己主張				—	.296n.s.	.410*	.158n.s.	.498**	.136n.s.	.154n.s.	.261n.s.	.839n.s.	.473***
自然な自己表現					—	.147n.s.	.413*	.171n.s.	.144n.s.	.485**	.075n.s.	.510**	.623***
自己理解						—	.123n.s.	.109n.s.	.478**	-.127n.s.	.126n.s.	.398*	.475**
出会い欲求							—	.293n.s.	.241n.s.	.410*	.134n.s.	.343†	.668***
自由への戸惑い								—	.010n.s.	.310†	.234n.s.	.511**	.521**
他者理解									—	.127n.s.	.217n.s.	.171n.s.	.558***
自己拘束										—	.319*	.421*	.645***
グループの創造可能感											—	.396*	.489***
SGE個人過程合計												—	.686***
平山個人過程合計													—

相関 post

post	自己露呈	自己歪曲	自己否定	自己主張	自然な自己表現	自己理解	出会い欲求	自由への戸惑い	他者理解	自己拘束	グループの創造可能感	SGE個人過程合計	平山個人過程合計
自己露呈	—	.359*	.015n.s.	.397*	.494**	.409*	.598***	.171n.s.	.373*	.606***	.321*	.672n.s.	.620***
自己歪曲		—	.223n.s.	.380*	.601***	.244n.s.	.345†	.154n.s.	.277n.s.	.573***	.044n.s.	.715**	.533**
自己否定			—	.554***	.197n.s.	.089n.s.	-.106n.s.	.277n.s.	.211n.s.	.129n.s.	.082n.s.	.574***	.327†
自己主張				—	.365†	.328†	.101n.s.	.525**	.445*	.360*	.324†	.832n.s.	.710**
自然な自己表現					—	.592***	.485**	.179n.s.	.396*	.696***	-.010n.s.	.606n.s.	.752***
自己理解						—	.509	.268*	.378*	.503**	-.023n.s.	.398*	.675***
出会い欲求							—	.127n.s.	.430*	.531**	.098n.s.	.366*	.509**
自由への戸惑い								—	.275n.s.	.416*	.191n.s.	.402*	.587***
他者理解									—	.359	.348†	.475*	.645***
自己拘束										—	.219n.s.	.618n.s.	.816***
グループの創造可能感											—	.287n.s.	.399*
SGE個人過程合計												—	.799***
平山個人過程合計													—

† P < .05　　** P < .01　　*** P < .001

4 考　察

　研究2の目的の一つは，SGE集中的グループ体験の，個人過程を測定する尺度を開発することにある。

　エンカウンターは「あるがままの自己」の自己開示である。あるがままの自己に気づき，気づいたあるがままの自己を表現・主張する。あるがままの自己の他者を受けいれる。

　この個人過程は，SGE個人過程尺度の2下位尺度「自己露呈」「自己主張」である。平山尺度の2下位尺度「自然な自己表現」「出会い欲求」の文脈に通じているといえる。下位尺度「自然な自己表現」は，「構えたりしないで自分の考えや意見を言えた」「グループの自然な流れのなかで，自分の考えを言えた」「セッション中，私は聞き役でいた」（逆転項目），「セッション中，自分から話そうとは思わなかった」（逆転項目）等の項目から構成されている。下位尺度「出会い欲求」は，「ほんとうの私をみんなに理解してほしいと感じた」「私のほんとうの姿をみんなに知ってほしいと思った」「私の感じていることをみんなにわかってほしい」「とりたてて私のことを知ってほしいとは思わない」（逆転項目）から構成されている。

　これらの2尺度の項目内容は，SGE個人過程尺度の2下位尺度の項目内容と，意味において一致していると考えられる。

　SGEのエクササイズは，あるがままの自己同士の交流（「ふれあい」）の触媒である。リレーションが形成されていると，体験したエクササイズや他者の発言に触発されて，問題を抱えた，あるがままの自己がいっそう語られるようになる。「やむにやまれぬ情念（思念）に駆られて」，あるがままの自己が露呈されるようになる。話したり語ったりすること自体が，抱えている問題の明確化や問題の克服・解決につながる。

　この個人過程は，平山尺度の下位尺度「自己理解」や「他者理解」と，その文脈上の意味において関連していると判断できる。下位尺度「自己理解」の「自分自身を見つめ直す機会になった」「日頃の自分の姿や特徴に気づく

第5章 研究2 構成的グループエンカウンターにおける個人過程の変化

ことができた」「自分の対人関係のもち方について考えさせられた」「セッション中,自分の問題がはっきりと自覚された」や,下位尺度「他者理解」の「表面からではうかがいしれない人の姿に接した」「ほかの人をその人の内面からいくらか知ることができた」「人の心の様々な微妙な揺れが伝わってきた」「話を聞いてみないと人のほんとうの姿はわからない」といった項目に通じていると考えられる。

SGE個人過程尺度の下位尺度,「自己歪曲」や「自己否定」は,平山尺度の下位尺度,「自己拘束」,「自己理解」,「出会い欲求」に文意上関連しているといえる。下位尺度「自己歪曲」は,項目「人に良く思われたいという気持ちから自分を曲げてしまう」「相手に嫌われたくないので引っ込み思案になっている」「相手に対して振舞いが不自然になる」「気持ちが萎縮してしまう」から構成されている。下位尺度「自己否定」は,項目「相手をうらやましいと感じる」「相手と自分を比べてしまい自己嫌悪を感じる」「相手と比べ自分には『いいところ』はないと卑下してしまう」から構成されている。

これらからいえることは,ネガティブな自己の側面は,エクササイズに取り組む過程では,抵抗となってメンバー本人のなかで意識・自覚される場合が多い(片野,1999)。メンバー間のリレーションが十分に形成されていない場合には,平山尺度の下位尺度「自己拘束」を構成する項目に,文脈上通じると考えられる。「自己拘束」尺度を構成している項目が表す心理状態,「セッション中,自分で自分を縛っているように感じた」「自分で自分を演じているようできつかった」「セッション中,私は素直でいられた」(逆転項目)は,抵抗が意識・自覚されている状態であろう。リレーションが形成されると,「自己歪曲」「自己否定」「自己拘束」にみる問題が開示されるようになるので,メンバー相互間で,開示と被受容・被共感が実現する。尺度「自己理解」「他者理解」「出会い欲求」の項目にみるような,心理過程が発現するといえる。

第2節　SGE個人過程の変化

前節で開発した，集中的なSGEグループ体験の個人過程を測定するSGE個人過程尺度を用いてSGE個人過程を測定し，得られた資料をもとに個人過程の変化について検討する。

1　目　的

研究2の第二の目的は，集中的グループ体験の個人過程を解明する方法として個人過程尺度を用い，SGE個人過程の変化を明らかにすることである。

SGEが，参加メンバーの行動変容に及ぼす影響について明らかにする場合，個人過程もつぶさに見ていく必要があると考える。

2　方　法

(1)　研究対象

前章の研究1で記した，特定非営利活動法人，日本教育カウンセラー協会主催の集中的グループ体験に参加した成人，126名（男43名，女83名）である。

(2)　SGE個人過程尺度

SGE個人過程の変化を検討するために開発した，「SGE個人過程尺度」（回答は5件法）を使って調査を行う。

尺度の内容を要約すると，尺度項目の策定は，ベーシック・エンカウンターグループの先行研究，及び筆者の研究「構成的エンカウンター・グループ参加者の体験的事実の検討」(1994)，「構成的エンカウンター・グループ参加者の体験的事実の検討：その2」(1995)と，SGEの実践的知見をもとに行われた。すなわち自己露呈や，自己主張，自己に対する認知の修正や拡大な

第5章 研究2 構成的グループエンカウンターにおける個人過程の変化

どに焦点づけて策定された。

また，筆者の研究（1994a，b，c，1999）と25年間のSGE実践の知見から述べれば，集中的グループ体験であるSGEの個人過程を調べる場合，以下の4点が主要な要素であると考えられる。

① エンカウンターは「あるがままの自己」の自己開示である。これがメンバー同士やメンバーとリーダー間のリレーションを形成する。

② エクササイズはふれあいの触媒である。またリレーションが形成されていると，体験したエクササイズや他者の発言に触発されて，問題を抱えたあるがままの自己がいっそう語られるようになる。すなわち「やむにやまれぬ情念（思念）に駆られて」，あるがままの自己が露呈されるようになる。話したり語ったりすること自体が，抱えている問題の明確化や克服・解決につながる。

③ SGEでは，メンバーはあるがままの自己に気づく，気づいたあるがままの自己を表現・主張する。あるがままの自己になりきっている他者を受けいれる。

④ シェアリングによって，メンバーの認知の修正や拡大がもたらされ，これが行動変容を誘発する。

(3) 分析方法

SGE個人過程の変化をみるために，ワークショップ開始時（pre調査）とワークショップ終了直後（post調査）に，SGE個人過程尺度と平山個人過程尺度への回答を求めた。得られた資料をもとに，両尺度のそれぞれのpre得点とpost得点間の対応のある差のt検定を行った。

3 結 果

SGE個人過程の変化をみるために，SGE個人過程尺度と平山個人過程尺度への回答を求め，得られた資料を分析した。

以下の結果から，SGE個人過程はワークショップ開始時に比べて，ワー

クショップの終了直後のほうがポジティブな方向に変化したといえる。

(1) 第2回SGE体験コース参加者29名（男10名，女19名）を対象にして，ワークショップ開始時（pre調査）とワークショップ終了直後（post調査）に，SGE個人過程尺度及び平山個人過程尺度に回答を求めた。得られた資料をもとに，SGE個人過程尺度及び平山尺度のそれぞれのpre調査とpost調査間の得点間の変化を調べるために，対応のある差のt検定を行った。

合計点では，SGE個人過程尺度の得点の平均値は，pre得点49.2，post得点60.7と変化し，有意差が見出された（$p<.001$）。平山尺度の得点の平均値は，pre得点103.9，post得点114.6と変化し，有意差（$p<.001$）が見出された（**Table14**）。

下位尺度得点では，SGE個人過程尺度の「自己露呈」得点は，pre得点の平均値は10.2，post得点15.4と変化し，有意差が見出された（$p<.001$）。「自己歪曲」得点では，pre得点の平均値は12.6，post得点15.5と変化し，有意差が見出された（$p<.001$）。「自己否定」得点では有意の変化はなかった。「自己主張」得点では，pre得点の平均値は16.1，post得点19.8と変化し，有意差が見出された（$p<.001$）。

要約すると，SGE個人過程尺度の合計点，及び4下位尺度得点のうち3尺度得点（自己露呈，自己歪曲，自己主張）で，有意の変化が見出された。「自己否定」得点では，有意の変化は見出されなかった。

一方，平山尺度の下位尺度得点では，「自然な自己表現」「自己理解」「出会い欲求」「他者理解」得点の平均値に，有意差が見出された（$p<.001$）。「自己拘束」「グループ創造可能感」得点に，有意差が見出された（$p<.01$）。「自由への戸惑い」得点では，有意の傾向が見出された。

以上，合計点と7尺度のうち6下位尺度得点において有意の変化が見出され，1尺度で有意傾向が見出された。

これらの結果から，SGE個人過程はワークショップ開始時に比べて，ワークショップの終了直後のほうがポジティブな方向に変化したといえる。

第5章 研究2 構成的グループエンカウンターにおける個人過程の変化

(2) 第3回 SGE 体験コース参加者34名（男16名，女18名）を対象にして，ワークショップ開始時（pre 調査）とワークショップ終了直後（post 調査）に，SGE 個人過程尺度及び平山個人過程尺度に回答を求めた。得られた資料をもとに，SGE 個人過程尺度及び平山尺度のそれぞれの pre 調査と post 調査間の得点間の変化を調べるために，対応のある差の t 検定を行った。

合計点では，SGE 個人過程尺度の得点の平均値は，pre 得点54.0，post 得点63.4と変化し，有意差が見出された（p＜.001）。平山尺度の得点の平均値は，pre 得点98.8，post 得点121.4と変化し，有意差（p＜.001）が見出された（**Table15**）。

下位尺度得点では，SGE 個人過程尺度の「自己露呈」得点の平均値は，pre 得点11.5，post 得点15.6と変化し，有意差が見出された（p＜.001）。「自己歪曲」得点では pre 得点14.2，post 得点16.0と変化し，有意差が見出された（p＜.01）。「自己否定」得点では，有意の変化はなかった。「自己主張」得点では，pre 得点17.1，post 得点20.4と変化し，有意差が見出された（p＜.001）。

要約すると，SGE 個人過程尺度の合計点，及び3下位尺度得点（自己露呈，自己歪曲，自己主張）において，有意の変化が見出された。

一方平山尺度の下位尺度得点では，「自然な自己表現」「自己理解」「出会い欲求」「他者理解」「グループの創造可能感」得点に.1％水準で有意差が見出された。「自由への戸惑い」「自己拘束」得点に，有意差が見出された（p＜.01）。

以上，平山個人過程尺度の合計点，及び7下位尺度得点のすべてにおいて，有意の変化が見出された。

これらの結果から，SGE 個人過程はワークショップ開始時に比べて，ワークショップの終了直後のほうが，ポジティブな方向に変化したといえる。

(3) 第4回 SGE 体験コース参加者32名（男8名，女24名）を対象にして，ワークショップ開始時（pre 調査）とワークショップ終了直後（post 調査）

第2節 SGE個人過程の変化

に，SGE個人過程尺度及び平山個人過程尺度に回答を求めた。得られた資料をもとに，SGE個人過程尺度及び平山尺度のそれぞれのpre調査とpost調査間の得点間の変化を調べるために，対応のある差のt検定を行った。

合計点では，SGE個人過程尺度の得点の平均値は，pre得点56.2，post得点64.9と変化し，有意差が見出された（$p<.001$）。平山尺度の得点の平均値は，pre得点101.2，post得点127.4と変化し，有意差（$p<.001$）が見出された（**Table16**）。

下位尺度得点では，SGE個人過程尺度の「自己露呈」得点の平均値は，pre得点11.5，post得点14.8と変化し，有意差が見出された（$p<.001$）。「自己歪曲」得点では有意の変化はなかった。「自己否定」得点の平均値ではpre得点12.1，post得点12.9と変化し，有意差が見出された（$p<.05$）。「自己主張」得点の平均値では，pre得点17.2，post得点20.8と変化し，有意差が見出された（$p<.001$）。

要約すると，SGE個人過程尺度の合計点，及び3下位尺度得点（自己露呈，自己否定，自己主張）において，有意の変化が見出された。

一方，平山尺度の下位尺度得点では，「自己理解」「他者理解」得点に有意差が見出された（$p<.001$）。「自由への戸惑い」「グループの創造可能感」得点に，有意差が見出された（$p<.01$）。「自然な自己表現」「出会い欲求」「自己拘束」得点に，有意差が見出された（$p<.05$）。

以上，平山個人過程尺度の合計点，及び7下位尺度得点のすべてにおいて，有意の変化が見出された。

第5章 研究2 構成的グループエンカウンターにおける個人過程の変化

Table14 SGE個人過程得点・平山個人過程得点の平均値の変化（第2回体験コース）

		平均	標準偏差	t値
pre	自己露呈	10.241	3.237	8.806***
post	自己露呈	15.414	2.653	
		平均	標準偏差	t値
pre	自己歪曲	12.552	3.418	4.585***
post	自己歪曲	15.483	3.45	
		平均	標準偏差	t値
pre	自己否定	10.31	3.037	-0.574 n.s.
post	自己否定	9.931	2.963	
		平均	標準偏差	t値
pre	自己主張	16.103	3.384	4.611***
post	自己主張	19.828	3.423	
		平均	標準偏差	t値
pre	自然な自己表現	15.862	3.159	4.131***
post	自然な自己表現	18.31	3.23	
		平均	標準偏差	t値
pre	自己理解	10.793	2.637	11.807***
post	自己理解	16.931	2.187	
		平均	標準偏差	t値
pre	出会い欲求	11.828	3.118	5.608***
post	出会い欲求	15.207	3.121	
		平均	標準偏差	t値
pre	自由への戸惑い	16.793	2.896	1.887†
post	自由への戸惑い	18.034	3.235	
		平均	標準偏差	t値
pre	他者理解	11.31	2.238	13.325***
post	他者理解	17.966	1.546	
		平均	標準偏差	t値
pre	自己拘束	16.655	3.276	2.921**
post	自己拘束	18.138	3.593	
		平均	標準偏差	t値
pre	グループの創造可能感	8.793	2.128	3.127**
post	グループの創造可能感	9.966	2.179	
		平均	標準偏差	t値
pre	SGE個人過程合計	49.207	9.53	5.56***
post	SGE個人過程合計	60.655	10.015	
		平均	標準偏差	t値
pre	平山個人過程合計	103.862	14.67	4.705***
post	平山個人過程合計	114.552	12.509	

* P < .05%　　** P < .01%　　*** P < .001%

第2節 SGE個人過程の変化

Table15 SGE個人過程得点・平山個人過程得点の平均値の変化（第3回体験コース）

		平均	標準偏差	t値
pre	自己露呈	11.515	2.938	-7.029***
post	自己露呈	15.647	2.762	

		平均	標準偏差	t値
pre	自己歪曲	14.242	3.298	-2.975**
post	自己歪曲	16.029	2.758	

		平均	標準偏差	t値
pre	自己否定	11.242	2.208	-1.421[n.s.]
post	自己否定	11.455	2.251	

		平均	標準偏差	t値
pre	自己主張	17.125	2.904	-4.912***
post	自己主張	20.412	2.709	

		平均	標準偏差	t値
pre	自然な自己表現	16.97	2.744	-4.334***
post	自然な自己表現	19.676	3.418	

		平均	標準偏差	t値
pre	自己理解	11.939	2.585	-9.391***
post	自己理解	17.059	2.361	

		平均	標準偏差	t値
pre	出会い欲求	12.485	2.841	-5.505***
post	出会い欲求	15.706	3.177	

		平均	標準偏差	t値
pre	自由への戸惑い	17.909	2.697	-2.881**
post	自由への戸惑い	19.324	1.996	

		平均	標準偏差	t値
pre	他者理解	11.818	2.157	-13.852***
post	他者理解	18.147	1.956	

		平均	標準偏差	t値
pre	自己拘束	18.152	3.392	-3.181**
post	自己拘束	20.353	3.41	

		平均	標準偏差	t値
pre	グループの創造可能感	9.156	1.483	-3.87***
post	グループの創造可能感	11.088	2.275	

		平均	標準偏差	t値
pre	SGE個人過程合計	54.031	8.372	-6.046***
post	SGE個人過程合計	63.394	8.75	

		平均	標準偏差	t値
pre	平山個人過程合計	98.813	11.718	-8.536***
post	平山個人過程合計	121.353	12.168	

* P < .05%　　** P < .01%　　*** P < .001%

第5章 研究2 構成的グループエンカウンターにおける個人過程の変化

Table16 SGE個人過程得点・平山個人過程得点の平均値の変化（第4回体験コース）

		平均	標準偏差	t値
pre	自己露呈	11.500	2.140	-5.230***
post	自己露呈	14.781	2.673	

		平均	標準偏差	t値
pre	自己歪曲	15.469	2.615	-1.594 n.s.
post	自己歪曲	16.375	2.612	

		平均	標準偏差	t値
pre	自己否定	12.094	2.115	-2.367*
post	自己否定	12.906	1.890	

		平均	標準偏差	t値
pre	自己主張	17.156	3.584	-4.811***
post	自己主張	20.844	2.760	

		平均	標準偏差	t値
pre	自然な自己表現	18.531	2.501	-2.386*
post	自然な自己表現	19.906	3.186	

		平均	標準偏差	t値
pre	自己理解	11.188	2.788	-10.464***
post	自己理解	16.625	2.459	

		平均	標準偏差	t値
pre	出会い欲求	12.125	2.649	-2.445*
post	出会い欲求	13.594	3.251	

		平均	標準偏差	t値
pre	自由への戸惑い	18.438	2.382	-3.529**
post	自由への戸惑い	20.188	2.070	

		平均	標準偏差	t値
pre	他者理解	11.656	2.497	-12.425***
post	他者理解	18.063	1.795	

		平均	標準偏差	t値
pre	自己拘束	19.125	2.893	-2.493*
post	自己拘束	20.531	3.398	

		平均	標準偏差	t値
pre	グループの創造可能感	10.125	2.044	-2.788**
post	グループの創造可能感	11.250	2.243	

		平均	標準偏差	t値
pre	SGE個人過程合計	56.219	7.572	-5.411***
post	SGE個人過程合計	64.906	7.045	

		平均	標準偏差	t値
pre	平山個人過程合計	101.188	10.152	-10.273***
post	平山個人過程合計	127.406	12.061	

* P < .05%　　** P < .01%　　*** P < .001%

4　考　察

　研究2の目的の二つめは，SGE個人過程尺度を用い，SGE個人過程の変化を明らかにすることである。

　SGE個人過程尺度を用いて，自己露呈，自己歪曲，自己否定，自己主張といった側面から，SGE個人過程の変化を検討した結果，SGE体験コース（2泊3日）のワークショップ開始時に比べて，ワークショップ終了直後のほうが，ポジティブな方向に変化していることが見出された。

　このことは，メンバー個々人の固有の内的世界が自己開示されるとともに，ポジティブな自己概念が形成されることによって，メンバー相互がいっそう自己を打ち出すことをためらわなくなったということを示唆している。これは集中的なSGEグループ体験が，個人の行動変容に影響を及ぼしていると考えられる。

　SGEの個人過程は，主としてグループ過程やエクササイズ，シェアリングが触媒になって，参加メンバー個々の自己への意識や，固有の人生経験・体験，見方・考え方・価値観に関連した，個人的な認知的・感情的・行動的側面の，あるがままの自己の過程といえる。あるがままの自己に気づき，気づいたあるがままの自己の把握と評価，その表出といった一連の現象学的過程と考えられる。

　換言すれば，実践的知見と「3　結果」から，認知的・感情的・行動的側面の，あるがままの自己が意識化され，非言語的ないし言語的コミュニケーションによって，表現・主張されることによって，行動変容が発現するといえる。グループ過程での自己探求や，他者理解を通して自己受容がすすみ，自己主張，対決といった行動変容の発現が示唆されたと考えられる。

　SGE個人過程尺度の下位尺度「自己露呈」は，「相手に対する自分の気持ちを話したくなる」「家族の悩みごとでも話したくなる」「ふだんなら言わないようなことでも話したくなる」「これまでの人生で，得意気分になったことやみじめだった体験などを話してもいい」といった，自己開示に関する項

第5章 研究2 構成的グループエンカウンターにおける個人過程の変化

目から構成されている。

エンカウンターは「今ここでの」ポジティブないしネガティブな感情表明の交流である。ここではメンバーが今，抱えている問題が開示される。問題が開示されるとは，認知的・感情的・行動的側面での，あるがままの自己が開示されるという意味である。

例えば，ふだんなら言わない家族の悩みごと，それにからみつく自分の問題を，メンバーは全体シェアリングの場面で開示する。

「私（メンバーA）は，母親から可愛がられている姉に対して，嫉妬心をずっと，ひそかにもっていました。姉と母親の前では，どうしても素直になれないのです。老いた母親の介護を私なりに一生懸命しているのに，こんなに一生懸命にしているのに，姉が来ると，母は甘えたり，私たち夫婦に関する苦情を言っているみたいなのです。あの娘（私）は，いろいろと世話してくれているけど，情が通じてこないとか。どこか冷ややかなところがあるとか。こんなことを言われたら，私や主人の立つ瀬がありませんよ。主人も私の母のために，いろいろと気を遣ってくれているのに。主人に申し訳なくて。母のために一部屋を建増ししてくれたんです。姉が来ると，母はにこにこして，相談事までもちかけたりするんです。こんな母を見ていると，小憎らしい気持ちになってしまうんです」と。

また「○○さん（メンバーの一人）のお母さんは，私の母よりも老いていて，痴呆もあって，介護でつきっきりだそうです。私が『それはたいへんねぇ。あなたの気が休まったり，自分のことをしたり，旦那さんのことをかまってやれないでしょう？』と言うと，そうね。確かにたいへんだわ。今は一心同体のような気がしているわ，というのを聞いたとき，老いた母親の介護をするならこんなふうな関係になりたいと思うんです」と。

前述の，老いた母親の介護を通して自分の中にある嫉妬心と向き合うメンバーAの問題例は，全体シェアリング場面で開示されたことで，メンバー全員が関与する問題になる。「メンバー全員が関与する」とは，「自己関与的な自己開示」(involving self-disclosure) が積み重ねられるという意味であ

る。例えばこのようになる。

　「老いた母親を介護しているAさんは，頑張っていますよ。毎日毎日一緒に暮らすということは，ときどきやってきて老いた母親の世話をすることとはまったく違うことですよ。毎日毎日，3回以上もの食事をつくって食べさせて。トイレに行きたいといえば，その度に世話をする。外に出かけても，母親の介護のことが頭にこびりついて離れない。もう体の一部のようになっている。四六時中母親のこと。こんなふうに推測すれば，○○さんはほんとうに頑張っていると思うんです。それなのに，お母さんがお姉さんに甘えていく。甘えついでに，妹であるAさんの介護について，苦情めいたことをいう。Aさんの私の立つ瀬がないという言葉を聞いていて，私は涙が出てきました。切ないです。嫉妬心を感じて，そんな自分を責めるAさんに対して私ができることは，こうして涙することぐらい。ああ，苦しいなぁ」と。

　例示したような自己関与的な自己開示を，メンバー相互が積み重ねるプロセスは，メンバー相互があるがままの自己を表明する過程といえる。この過程には，受容と被受容があり，共感と被共感がある。これらを基盤にしてAさんは癒され，癒されるとともに，認知の修正・拡大が行われると考える。

　Aさんは言う。「私の問題をみんなの前で言って，大事な時間を奪ってしまって，ほんとうにごめんなさい。まわりの人たちが私に言葉をかけてくれて，今の私の気持ちは晴れてきました。それをはっきりと感じます。気持ちが軽くなったというか。私は私なんですね。母には姉も必要でしょうけれど，私もそれ以上に必要なんだと思えるのです。主人が私の母親に気遣っていろいろとしてくれているのも，実は母の介護を通して私への気遣い，協力なんだと気づきました。私を大事にしてくれているんだなと，改めて感じました。私は主人に負担をかけている，迷惑をかけてすまないと思っていました。今はそんな夫に甘えたいという気持ちになっています」と。

　筆者は，個人の成長について，以下のように定義している。

　ここでいう「個人の成長（personal growth）」とは，ある特定の感情へのとらわれ，ある特定の思考（認知）へのとらわれ，ある特定の行動へのと

第5章 研究2 構成的グループエンカウンターにおける個人過程の変化

らわれから解放されて，必要に応じて「あるがままの自己」を打ち出すことができるようになる（行動変容）という意味である。ここでいう行動は今まであった反応の低減ないし消失，今までになかった反応の発現をいう。今までになかった反応の発現の例が「ふれあい（encounter）」（あるがままの自己同士の交流）であるといえる。あるがままの自己に気づき，気づいた自己を表明・主張する。他者のあるがままの自己を受容するという人間関係を形成するという意味である。相互の固有性・独自性を尊重しあう感情交流のある（personal）人間関係を志向する。問題を抱えていても，それを善い悪いというわけではなく，それを含めた目前にいる丸ごとの「人」との関係形成をする。その過程では「今ここで」の感情表明をはじめとする自己開示に重きをおく。ふれあいは自己を外に向けて打ち出す，自己疎外からの脱却，失愛恐怖からの脱却を意味している。

既述したメンバーAさんと，他のメンバーとの自己関与的な自己開示の交流は，全体シェアリング場面での「ふれあい」といえる。

SGE個人過程尺度の下位尺度「自己歪曲」は，「人によく思われたいという気持ちから自分を曲げてしまう」「相手に嫌われたくないので引っ込み思案になっている」「相手に対して振舞いが不自然になる」「気持ちが萎縮してしまう」といった項目からなっている。

SGE個人過程尺度の下位尺度「自己否定」は，「相手をうらやましいと思う」「相手と自分を比べてしまい自己嫌悪を感じる」「相手と比べ自分には『いいところ』はないと卑下してしまう」といった項目からなっている。

両下位尺度の共通点は，あるがままの自己を受けいれていないという心理過程である。すなわち，否定的な自己概念にかかわる自己過程である。具体的には，自己概念の中核的成分のセルフ・エスティームにかかわっていると考える。「3　結果」から，この心理過程が集中的なSGEグループ体験過程を介して，ポジティブな方向に変化したといえる。

このことは，ベーシック・エンカウンター・グループの創始者ロジャーズ，C.R.（1973）の，集中的グループ経験においても，サイコセラピーと同様

に，自己受容（自己概念の肯定的な変化に伴って自己を受容すること）は変化のはじまりであるという指摘と一致している。

また，これは宇田川（1981）の研究報告とも一致している。宇田川はエンカウンター・グループにおける，自己概念の変化の研究を行った。12対の形容詞からなる集団意味差異の質問紙を用いて，初参加者と再参加者の間の自己概念のポジティブな変化を見出している。

さらに片野・堀（1992）は，SGEの効果研究の一つとして，参加者の自己記述（self-descriptions）の変化を調べた。2泊3日のSGEワークショップに参加した高校2年生女子19名に対して，Kuhn, M.H., &Mc-Partland, T.S.が考案した自己概念査定法"Who am I"技法（「20答法」）を用いて，preとpost間のWAI反応の変化を調べた。得られた結果について片野・堀は，この結果は参加者の自己概念がポジティブな方向に変化していることを示唆していると報告している。筆者が得た今回の「3　結果」は，この研究報告とも一致している。

片野・堀（1992）は，同じ研究対象に対して，長島・原野・堀ら（1965, 67）によって開発された，自己概念査定法（Self-Differential）に準拠した簡易版（4カテゴリ構成）を用いて，自己概念の変化を調べた。その結果，3カテゴリ「情緒安定性」「誠実性」「強靭性」に，有意の変化が見出された。またローゼンバーグ（1965）の著したセルフ・エスティーム尺度を用いて，preとpostにおいて自尊感情の変化を調べたところ，ポジティブな方向での有意の差を見出されたと報告されている。

田島・加勇田・吉田・朝日・岡田・片野（2001）らは，成人48名（男17名，女31名）が参加した2泊3日のSGE体験ワークショップのpreとpost，及びワークショップ終了後4カ月経過した時点（followup）と，3回にわたってローゼンバーグ尺度を用いて，参加メンバーのセルフ・エスティームの変化について調査した。その結果，セルフ・エスティームが肯定的な方向に変化したと報告している。

これらの結果から，メンバー相互の受容と被受容体験，及び共感と被共感

第5章 研究2 構成的グループエンカウンターにおける個人過程の変化

体験が，セルフ・エスティームの肯定的変化をもたらしたのではないかと推論される。

さらに，田島・吉田・片野（2003）らは，2泊3日のSGE体験ワークショップ（2回実施された）の参加者76名（男25名，女51名）を対象に，信頼感の変化について調査した。調査目的は自己開示を促進し，自己受容・他者受容を可能にする要因が何であるかを見出すところにあった。得られた結果から，田島らはメンバー相互の信頼感と，自尊感情・自己開示及び自己受容・他者受容の，3者の間の交互作用の存在を推論できると報告している。

以上の先行研究報告は，今回の「3　結果」と一致していると考える。

メンバーがエクササイズに取り組み，ショート・シェアリングや全体シェアリングで自己開示を積み重ねていくSGEグループ過程を通して，SGE個人過程は，ワークショップ開始時に比べてワークショップ終了直後のほうが，ポジティブな方向に変化すると考える。このことは，これまでの実践的知見とも一致している。また，このグループ過程では，メンバー相互の受容と被受容体験や共感と被共感体験が実現する。これらがメンバー相互の信頼感とセルフ・エスティームを高め，メンバーは，あるがままの自己を受容できるようになる。その結果として，自己概念はポジティブな方向に変化すると考えられる。

つまり，研究2の「3　結果」にみるSGE個人過程尺度得点の，ポジティブな方向への変化の「意味」がここにあると考える。

自己開示（self-disclosure）という語を初めて用いたJourard，S.M.（1958，1971）は，自己開示について，それは「パーソナリティが健全であるしるし」であり，「不適応をきたしている人は自分を開示することがなく，その結果として自分自身をも知らない人である」と指摘している。

メンバー相互が自己開示しあうことで，自己盲点に気づくとともに，ある特定の感情へのとらわれ，ある特定の思考（認知）へのとらわれ，ある特定の行動へのとらわれから解放されて，必要に応じて「あるがままの自己」を打ち出すことができるようになると考える。

第6章

研究3 構成的グループエンカウンターの
プログラムが行動変容に及ぼす影響

　本章では，3種類のプログラムで集中的グループ体験としてのSGE体験コース（2泊3日）を試行した場合，プログラムの違いが参加メンバーの行動変容（対人関係のもち方及び適応状況の変化）に，どのように影響するかについて述べる。

　換言すれば，本研究ではプログラムのアウトカムの相違を調べるために，Y-Gテストにみる人間関係（対自己を含む）のもち方及び個人志向性・社会志向性に着目した。

　構成の主要素であるプログラムを変えてSGE体験コース（2泊3日）を試行した場合，プログラムの違いによって，人間関係のもち方（パターン）及び個人志向性・社会志向性の変化に関して，どのような相違があるか，相違点を見出すところに目的がある。

　第1節では「3種類のプログラムの開発」について取りあげ，第2節では「Y-Gテストにみる人間関係得点の変化」，第3節では「個人志向性・社会志向性ＰＮ得点の変化」について検討する。

第6章 研究3 構成的グループエンカウンターのプログラムが行動変容に及ぼす影響

第1節 3種類のプログラムの開発

　構成的グループエンカウンター（SGE）の構成の主要素は，プログラムである。プログラムとは，定型化されたエクササイズの配列のことである。集中的グループ体験であるSGEは，エクササイズを使用するところにその特徴を有する。

　ここでいうエクササイズとは，心理面（思考・感情・行動の3側面）の発達を促す心理教育的課題のことであり，その内容は対人行動に関するものである。

　したがって，SGEのリーダーの重要な役割の一つは，プログラミングであるといえる。SGEリーダーは，プログラミングを行う際に目標を定め，それに合わせてエクササイズを配列する。内面的な自己開示を伴うエクササイズは，メンバー間のリレーションが形成されてから，設定される。自分自身への注視意欲が高まり，相手（メンバー）との間のリレーションの「意味と深み」を感じ始めてから，内面的な深い自己開示を伴うエクササイズを設定する。

　プログラミングが適切でも，インストラクションが適切でないと効果はあがらない。

　SGEリーダーの主要な役割の一つに，インストラクションがある。これはエクササイズのねらい，内容（方法），留意点を簡潔に説明することをいう。リーダーは，当該プログラムの目標とエクササイズのねらいとの整合性を，常に念頭におく。同じエクササイズでも，ねらいを変えて用いる場合がある。エクササイズの主たる内容は対人行動であり，それは自己開示に基盤をおいている。それゆえに，同じエクササイズでも，ねらいが異なれば開示内容も違ってくる。

定型化されているエクササイズのねらいは，つきつめると，①自己理解（自己理解がすすむほどに他者理解も促進される），②自己受容（自己受容がすすむほどに他者受容も実現する），③感受性，④自己主張，⑤信頼体験，⑥役割遂行になる。

どのようなプログラムを組むかによって，アウトカムは異なる。そこで研究3では，3種類のプログラムを用意して，それぞれ2泊3日のSGE体験コースを試行し，結果の相違を検討することにした。3種類のプログラムはそれぞれワンネス志向，ウィネス志向，アイネス志向のものである。

3種類のプログラムづくりにあたっては，実存主義的な児童心理臨床家，ムスターカス（Moustakas, C.）によって提唱されたリレーションの3要素，すなわち，**ワンネス（すなわち being-in のこと），ウィネス（すなわち being-for のこと），アイネス（すなわち being-with のこと）**をキー・コンセプトとした。

わが国のSGEの提唱・実践者である國分康孝・國分久子らが，米国留学中に師事した教授の一人が，ムスターカスである。彼は，実存主義的な児童心理臨床家として知られ，心理臨床プロセスにおける，クライエントの「固有性・独自性」（かけがえのなさ）を尊重し，クライエントとの内的世界の共有（エンカウンター），自己開示，自己主張，対決を重要視している（1992）。

1 ワンネス・プログラム

ムスターカスのワンネスは，次のような人間関係の在り方を意味している。"immersion"（相手の世界にまず自分を投げ込み，相手の世界に浸りきる），"indwelling"（相手の願望，興味，希望，恐怖，挫折感や自己像，自己概念，自己評価などを把握し，相手の全体像を理解する），"internal frame of reference"（相手の内的準拠枠をつかむ）である（Moustakas, C. 1992, 76-92頁）。

対人行動レベルで具体的に示すと，例えば無条件の積極的・肯定的関心を「質問する」「問いかける」という行動で実現する。メンバー相互は互いに

第6章 研究3 構成的グループエンカウンターのプログラムが行動変容に及ぼす影響

「無視しない（無視されない）」「耳を傾ける（耳を傾けてくれる）」「話題をとらない」「話題を変えない」「相手を注目している」「自分を押しつけない（自分を押しつけられない）」といった対人行動をとる。

　急に話題を変えられたり話題をとられると，メンバーは意気消沈したり，屈辱感や被無視感，自己否定，自己卑下を体験することになる。メンバーが自己表現している最中に，相手が自分を押しつけてきたり，相手が逆に無関心であったりすると，メンバーは自信を失っていく。相手のメンバーが自分の話に耳を傾けてくれないとき，自分を過小評価したり弱小感を感じたりする。メンバーが自己表現・自己開示することに戸惑ったり，適当な表現法を模索しているとき，そこに沈黙が生じる。そのようなときに，相手のメンバーが急かしたり，待てずに自分のほうから話の接ぎ穂を出したりすると，お互いがお互いを「連れ添う同士（一体感）」ではないという体験をする。

　以上のことから，ワンネスを形成していくためには「能動的傾聴」「能動的待機」「能動的忍耐」が必要となる。

　これらを踏まえて，ワンネス・プログラムにおけるメンバー同士の行動基準（エクササイズへ取り組んでいる場面や，シェアリングの場面において）として，「感情をつかむ」「思考をつかむ」「感情表明」「発言を強要しない」を設定した。リーダーを務めた筆者は，インストラクションの際に，これらにふれることにした。

　以下に，使用したプログラムの概略（**Table17**）を示すとともに，キー・エクササイズについて説明する。各エクササイズの手順については，巻末の資料に示す。キー・エクササイズとは，プログラムの中で特に核となるエクササイズのことである。

　エクササイズ「1—16　簡便内観」は，感謝の念を体験するところにねらいがある。換言すれば，人がこの世に生きるとは「世界内存在」として生きるということである。これを体験するのである。エクササイズの内容は，幼少期の重要な他者を設定して，その人から「してもらったこと，して返したこと，迷惑をかけたこと」を想起して，グループ・メンバーに開示するとい

うものである。浄土真宗の「身調べ」の業がもとになっているエクササイズである。

エクササイズ「2―7　合唱」は，融合をねらったものである。合唱しながら他者の心情を感じとる。

エクササイズ「2―12　未完の行為の完成」は，「したかったけれど，できなかったこと，してほしかったけれど，してもらえなかったこと」を想起して，それをグループ・メンバーに開示する。ねらいは，未完の行為を完成するところにある。ゲシュタルト療法でいう，地を図に変換することで，行動変容を期待する。ここでは，未完の行為をもち続けた他者の心情を汲みとることを，第一義的にする。

エクササイズ「2―15　ライフライン」は，これまでの人生における浮き沈みや，七転び八起きにまつわる過去感情を共有することをねらっている。

「3―6　朗読『パールズを越えて』」は，人間の「固有性・独自性（かけがえのなさ）」を認め合うことを訴えている。人の言動や人柄に無関係で，「人」に対する畏敬の念をもちあうことを呼びかける。ここでは，詩情や余韻を大事にしたい。

2　ウィネス・プログラム

プログラムの第2の型，ウィネスについて，ムスターカスはこう述べている。「自己の実現を促すような相手の表現を支持したり，力づけたり励ましたりする」「相手の中から自己決定力を引き出す」"alliance"のことである（Moustakas, C. 1995, 156頁）。

すなわち，「連合している」「一枚噛んでいる」「他人事ではない」といったような，「相互扶助的」な対人態度がある。「偏見と先入観がない」「支配と服従がない」「報復がない（遺恨がない）」といった，水平関係に徹するという対人態度がそこにある。「意志を見下したり，無視されることがない」「自己決定への気概を支える」といったような，相手の自己の実現を尊重する。「調和（とけこんでいる）」「外界とのつながりが感じられる」「大事にさ

第6章 研究3 構成的グループエンカウンターのプログラムが行動変容に及ぼす影響

れている自分を感じる」といった"relatedness"を形成する，一貫した面倒見のよさと支持的な対人態度である。

対人行動レベルで具体的に示すと，「リチュアル（定型的な行事）」「中立的な言動をしない（何の応答・反応もしないこと）」，「受容する」「支持する」「励ます」「認める」「称賛する」,「協力」「表現法を援助する」「身を挺してかかわっていく」というような行動になる。

以上，これらを踏まえて，ウィネス・プログラムにおけるメンバー同士の行動基準として，「相手の足しになるようなことをする」「一緒に取り組む」「みんなでケアする」を設定した。リーダーを務めた筆者は，インストラクションの際に，エクササイズのウィネスとしての意味にふれることにした。

以下に，使用したプログラムの概略（**Table18**）を示すとともに，キー・エクササイズについて説明する。ウィネス・プログラムで使用した各エクササイズの手順については，巻末の資料に示す。

「1—14 『トラスト・ウォーク』のシェアリング」は，エクササイズ「トラスト・ウォーク」を体験してみて，「感じたこと気づいたこと」を共有するところにねらいがある。その場合のシェアリングのトピックについて，次のように指定している。「目を閉じている自分が誘導されるという体験中に，自分の中にどのような感情が起きてきたか。その感情がどう変化したか」「目を閉じているパートナーを誘導するという体験中に，自分の中にどのような感情が起きてきたか。その感情がどう変化したか」。このトピックのねらいは，エクササイズのねらいである信頼体験とは，どのような感情体験かを知るためである。

エクササイズ「アニマル・プレイ」は，平和と静けさと，その中でグループ・メンバー相互が温もりを体験するのがねらいである。

エクササイズ「トリップ・トゥ・ヘブン」は，10余人からなるグループで，一人一人のメンバーを，順番に全員でゆっくり持ち上げるエクササイズである。そのねらいは，持ち上げられるメンバーが浮遊感を感じながら，自分が多くの手でケアされているという体験をするところにある。

3 アイネス・プログラム

プログラムの第3の型，アイネスは，"I-Thou relationship"を意味し，相互の固有性・独自性（「かけがえのなさ」）を尊重する，畏敬の念をもちあうという態度から生じる，自己主張（assertiveness）や対決（confrontation），「意味と深み」のある，あるがままの自己を開示しあうエンカウンターを志向している（Moustakas, C. 1995, 157頁）。

エンカウンターには，融合的，調和的なものと対峙的なものがある。前者はワンネス，ウィネスであり，後者はアイネスである。エンカウンターは融合的・調和的・対峙的で相互交流的な，自他一体感の伴う出会いであり，相互の深い内面体験交流であり，相互の心のリズムが，相互のエンカウンター全体を統合する。エンカウンターが生まれる，またはエンカウンターをつくるというそのものが，すでに行動変容であり，そのエンカウンターによって，さらに行動変容が促進する。

また，自己主張（assertiveness）を志向するとは，在り方として，お互いの自己主張を促進しあう態度のことであり，その具体的行動として，対決（confrontation）をためらわない。対決は，互いを高めあうための生産的論戦であり，互いの自己主張を促す。それは，自己の実現を相互に促すという意味である。自己の実現とは，自他の識別があり，意志と責任が目覚めていて，自己の思考と感情と行動に目覚めている，自己の存在価値を自覚していて，自分が自分の人生の責任者であるという，「個」の自覚を有していることである。

以上，これらを踏まえて，アイネス・プログラムにおけるメンバー同士の行動基準として，「ふれあう」「気概をもつ」「自己主張する」「対決する」を設定した。

以下に，使用したプログラムの概略（**Table19**）を示すとともに，キー・エクササイズについて説明する。各エクササイズの手順については，巻末の資料に示す。

第6章 研究3 構成的グループエンカウンターのプログラムが行動変容に及ぼす影響

エクササイズ「1―18 ライフライン」は，ワンネス・プログラムにもある。アイネス・プログラムにおける「ライフライン」のねらいは，自分が自分の人生に対する責任者である，という自覚を促すところにある。

エクササイズ「自己概念カード」は，私はどんな人か，内的準拠枠を明確化するところにねらいがある。ネガティブな自己概念はリフレーミングして，ポジティブにする。ポジティブにすることで自己受容をすすめ，行動変容を促す。

エクササイズ「2―13 私のお願いを聞いて」は，自分を打ち出す自己主張の気概を，ロールプレイを通して体験することにねらいがある。エクササイズ「2―17 紙つぶて」は，自分を打ち出す気概を，アクティング・アウトするところにねらいがある。自分を打ち出すことの意味は，個の自覚にある。

エクササイズ「2―19 エンプティ・チェア」は，一人二役するロールプレイである。ここでは「対決」にねらいをおいている。

エクササイズ「3―4 別れの花束」のねらいは，出会いと別れを生きるところにある。孤独（個の自覚 loneliness）と出会い（encounter）は，求道者の彷徨と邂逅に通じる。

以上，ワンネス・プログラム，ウィネス・プログラム，アイネス・プログラムの3種類のプログラムの，目標，行動の基準，キー・エクササイズについてそれぞれ記述した。

これらのプログラムを用いたSGE体験コースを試行し，メンバー相互がそれぞれの行動基準を意識し，自覚的にエクササイズやシェアリングにおける対人行動に取り組むと，SGEグループ過程やSGE個人過程の変化が発現すると考えられる。すなわち，メンバーの行動変容（個人の成長）が現れると考えられる。この仮説を検証するための研究方法とその結果を2節に述べ，考察を加えたい。

第1節　3種類のプログラムの開発

Table17　Oneness Program（第2回体験コース）

ワンネスの行動基準：感情をつかむ，思考をつかむ，感情表明をする

初　日	エクササイズ番号	キー・エクササイズ	備　考
	1－1	ペンネームづくり	初日に実施した エクササイズ 計17個
	1－13	二人で立ち上がろう	
	1－14	背中合わせ	
	1－16	簡易内観	
		全体シェアリング1	
2日目	エクササイズ番号	キー・エクササイズ	備　考
		全体シェアリング2	2日目に実施した エクササイズ 計16個
	2－3	自己概念カード	
	2－4	REBTビヘイビアグラフ	
	2－7	合唱	
	2－9	私が大事にしている言葉	
	2－12	未完の行為の完成	
	2－14	線香花火	
	2－15	ライフライン	
		全体シェアリング3	
3日目	エクササイズ番号	キー・エクササイズ	備　考
		全体シェアリング4	3日目に実施した エクササイズ 計6個
	3－2	私はあなたに似ています。なぜならば…	
	3－3	私が全知全能の神ならば	
	3－5	別れの花束	
	3－6	朗読「パールズを越えて」	

※キー・エクササイズはプログラムの中で特に核となるもの

第6章 研究3 構成的グループエンカウンターのプログラムが行動変容に及ぼす影響

Table18 Weness Program（第3回体験コース）

ウィネスの行動基準：相手の足しになるようなことをする，一緒に取り組む，みんなでケアする

初 日	エクササイズ番号	キー・エクササイズ	備 考
	1－1	ペンネームづくり	
	1－3	インタビュー	
	1－5	夢・願望を語る	
	1－8	肩たたき・肩もみ	
	1－9	他者紹介	
	1－11	（これまでの人生で影響を受けた出来事もしくは人物の）シェアリング	初日に実施したエクササイズ計16個
	1－12	二人で立ち上がろう	
	1－14	（トラスト・ウォークの）シェアリング	
	1－15	簡易内観	
	1－16	（簡易内観の）シェアリング	
		全体シェアリング1	
2日目	エクササイズ番号	キー・エクササイズ	備 考
		全体シェアリング2	
	2－1	共同描画	
	2－4	背中合わせ	
	2－9	（トラスト・ウォールの）シェアリング	2日目に実施したエクササイズ計16個
	2－10	アニマル・プレイ	
	2－13	みじめだった体験・誇らしかった体験	
		全体シェアリング3	
3日目	エクササイズ番号	キー・エクササイズ	備 考
		全体シェアリング4	3日目に実施したエクササイズ計3個
	3－1	トリップ・トゥ・ヘブン	
	3－3	別れの花束	

※キー・エクササイズはプログラムの中で特に核になるもの

第1節　3種類のプログラムの開発

Table19　I-ness Program（第4回体験コース）

アイネスの行動基準：ふれあう，気概をもつ，自己主張する，対決する

初　日	エクササイズ番号	キー・エクササイズ	備　考
	1—1	ペンネームづくり	
	1—4	インタビュー	
	1—13	これまでの人生で影響を受けた出来事もしくは人物	初日に実施したエクササイズ計19個
	1—16	銅像	
	1—18	ライフライン	
		全体シェアリング1	
2日目	エクササイズ番号	キー・エクササイズ	備　考
		全体シェアリング2	
	2—8	自己概念カード	
	2—10	合わせジャンケン	
	2—11	みんなちがってみんないい（ジャガイモ）	2日目に実施したエクササイズ計20個
	2—13	私のお願いを聞いて	
	2—17	紙つぶて	
	2—19	エンプティ・チェア	
		全体シェアリング3	
3日目	エクササイズ番号	キー・エクササイズ	備　考
		全体シェアリング4	
	3—2	マインド・サークル	3日目に実施したエクササイズ計4個
	3—4	別れの花束	

169

第6章 研究3 構成的グループエンカウンターのプログラムが行動変容に及ぼす影響

第2節 Y-G テストにみる人間関係得点の変化

　本節では，前節に述べた3種類のプログラムで，集中的グループ体験のSGE体験コース（2泊3日）を試行した場合，**プログラムの違いが参加メンバーの人間関係のもち方（パターン，対自己を含む）にどのように影響する**かについての研究結果と，それに対する考察を述べる。

1　目　的

　研究3の目的の第一は，ワンネス・プログラム，ウィネス・プログラム，アイネス・プログラムの3種類のプログラムを試行した場合の，アウトカムの相違の比較である。具体的には，Y-G テスト（98頁参照）にみる人間関係得点が，3種類のプログラムによってどのように変化するかを比較することが研究目的である。

2　方　法

(1)　研究対象とワークショップの実施

　本研究の対象は，特定非営利活動法人，日本教育カウンセラー協会主催の，SGE ワークショップに参加した成人，95名である（**Table1** 参照）。

　　第2回　2004年8月17～19日　参加者29名（男10名，女19名）
　　第3回　2005年1月7～9日　参加者34名（男15名，女19名）
　　第4回　2005年3月19～21日　参加者32名（男9名，女23名）

(2)　Y-G 性格検査

　人間関係のもち方（パターン）の変化について調べるために，Y-G テス

トを用いた。

　Y-Gテストは，アメリカのギルフォード（Guilford, J.P.）らが，1940年代を通して開発した「気質概観検査」を，矢田部達郎らが，1954年に日本人向けに改訂し，それを辻岡美延が，1957年に標準化したものである。妥当性が高く，わが国では産業，教育，臨床などの多様な分野で，幅広く利用されている。施行時間は約30分程度の，質問紙法による簡便な検査である。「日常の行動傾向や態度に関する120の質問」から構成されている。

　Y-Gテストでは，性格をどのように考えているか。「手引き」によれば，以下のとおりである（八木，日本心理技術研究所，1987）。

　「性格とは行動のパターン（行動の特徴，片寄り，くせ）のことで，人格の一側面である。性格は層構造をなし，4層からなる。中心層は気質で，一生を通じて変化しがたい一次的性格。幼児性格（第2層），学習性格（第3層），役割性格（第4層）は第二次性格であり，生まれた後の環境の中でいろいろ経験しながら身につけた行動のパターン。学習性格と役割性格を態度と呼ぶこともある。性格に基づく行動の大部分は意識しにくく，気づけないことが多い」

(3) 調査方法

　ワンネス・プログラムは2回目のSGE体験コースにおいて，ウィネス・プログラムは3回目のSGE体験コースにおいて，アイネス・プログラムは4回目の体験コースにおいて，それぞれ試行された。

　Y-Gテストによる調査は，各ワークショップ開始時（pre調査）とワークショップ終了直後（post調査）に実施された。

(4) 分析方法

　SGE体験コースにおけるpre調査とpost調査から得られた資料をもとに，Y-Gテストの下位尺度や集合因子ごとに，対応のある差のt検定を行った。

第6章 研究3 構成的グループエンカウンターのプログラムが行動変容に及ぼす影響

　Y-Gテストの12下位尺度（12因子）は6種類の集合因子にまとめられている。集合因子は，Y-Gテスト作成時に，統計的に確かめられた関連性であり，各々の集合は，全体として一つの意味を有し，因子間の動きにまとまりがあるとされている。

　「手引き」によれば，6集合因子とその特徴は，以下のとおりである。

●Y-Gテストにおける6集合因子とその特徴
(a) 情緒不安定性因子
　D（抑うつ性），C（気分の変化），I（劣等感），N（神経質）の集合で，情緒面の安定性と特徴を表す因子である。
(b) 社会的不適応性因子
　O（主観的），Co（非協調性），Ag（攻撃的）の集合で，社会的適応・不適応を表す因子である。社会的不適応には，反社会的不適応と非社会的不適応があり，前者は社会ルールを無視して反抗的態度を示す不適応である（例：人間関係が閉鎖的で警戒心が強く，内閉的で独善的な考え方にとらわれがち）。後者は社会生活から逃避して，内閉的な態度を示す不適応である（例：自己卑下ないし自己嫌悪がひどく，意欲が欠如して主体性に乏しく，周囲に妥協してすべての人に愛嬌をふりまく人である。行動力も低いのが普通である）。
(c) 活動性因子
　Ag（攻撃的），G（活動的）の集合で，活動性を表す因子である。Ag（攻撃的）因子は意欲を，G（活動的）は活動性を表す。
(d) 非内省性因子
　R（のんき），T（思考的外向）の集合で，行動力に対してどの程度の内省力（ブレーキ）が働くかということである。行動力（G，Ag）が高くとも，ノーブレーキ状態では危険であり，ブレーキが利きすぎても無理が生じてしまう。バランスが非常に大事な因子である。
(e) 適応性因子

A（支配性），S（社会的外向）の集合で，主導権を握るか非主導的であるかをみている。

(f) 衝動性因子

G（活動性），R（のんき）の集合で，本因子群は Y-G テスト利用上重要視されない。

3 結　果

SGE 体験コースにおける，pre 調査と post 調査から得られた資料を分析した。結果は以下のとおりである。

(1) 第2回 SGE 体験コース（**ワンネス・プログラム**）参加者29名（男10名，女19名）の，pre 調査と post 調査から得られた資料をもとに，Y-G テストの下位尺度ごとに，対応のある差の t 検定を行った。次のような結果が得られた。
①「抑うつ性 D」「神経質 N」得点において，有意差が見出された（$p<.01$）。
②また「非協調性 Co」「活動的 G」「のんき R」得点において，有意差が見出された（$p<.05$）。③「思考的外向 T」「支配性 A」「社会的外向 S」得点においては，有意の傾向が見出された。

このことは，元気がない，虚脱し（やる気をなくし）やすい「抑うつ性 D」得点が，自己満足，楽観的といった，ポジティブな方向に変化したことを示唆している。神経質，不満をもちやすいといった「神経質 N」得点が，神経質ではないといった，ポジティブな方向に変化したことを示唆している。対人不信感，他人が信用できないといった「非協調性 Co」得点が，他人との協調に気をつかうといった，ポジティブな方向に変化したことを示唆している。

一方，行動的（活動的），キビキビ動くといった「活動的 G」得点や，慎重すぎる，気軽，軽率，向こうみずといった「のんき R」得点，無頓着

第6章 研究3 構成的グループエンカウンターのプログラムが行動変容に及ぼす影響

(のんき)や, 安易に妥協しやすいといった「思考的外向T」得点, 指導者意識や, 自己顕示欲, お山の大将といった「支配性A」得点, 社会的接触・対人接触を好むといった「社会的外向S」得点が, ポジティブな方向に変化したことを示唆しているといえる。

しかし, ④「気分の変化C」「劣等感I」「主観的O」「攻撃的Ag」得点では, 有意差は見出されなかった（**Table20**）。

(2) 第3回SGE体験コース（**ウィネス・プログラム**）参加者34名（男15名, 女19名）の, pre調査とpost調査から得られた資料をもとに, Y-Gテストの下位尺度ごとに, 対応のある差のt検定を行った。結果は以下のとおりである。

① 「気分の変化C」「神経質N」「非協調的Co」得点において, 有意差が見出された（$p<.01$）。このことは, 心配性, 気が小さい（小心）といった「気分の変化C」得点が, 心配性ではないといった, ポジティブな方向へ変化したことを示唆しているといえる。また,「神経質N」「非協調的Co」得点が, ポジティブな方向に変化したことを示唆しているといえる。

② 「抑うつ性D」「劣等感I」「活動的G」「支配性A」「社会的外向S」得点において, 有意差が見出された（$p<.05$）。このことは,「抑うつ性D」得点, 劣等感と自信の欠如といった「劣等感I」得点が, 自信が強い, 自信家といった, ポジティブな方向へ変化したことを示唆している。一方,「活動的G」「支配性A」「社会的外向S」得点が, ポジティブな方向へ変化したことを示唆している。

しかし, ③「主観的O」「攻撃的Ag」「のんきR」「思考的外向T」得点では, 有意差は見出されなかった（**Table21**）。

(3) 第4回SGE体験コース（**アイネス・プログラム**）参加者32名（男9名, 女23名）の, pre調査とpost調査から得られた資料をもとに, Y-Gテストの下位尺度ごとに, 対応のある差のt検定を行った。結果は以下のとおりで

第2節 Y-Gテストにみる人間関係得点の変化

ある。

①「抑うつ性D」「攻撃的Ag」「社会的外向S」得点において，有意差が見出され（p＜.05），②「活動的G」得点では，有意の傾向が見出された。このことは，「抑うつ性D」得点，自己卑下やファイトがない，怒れないといった「攻撃的Ag」得点が，自尊心，攻撃的，怒りやすい（怒りっぽい）といった，ポジティブな方向へ変化したこと，また社交性が低い，人嫌いの傾向といった「社会的外向S」得点が，社会的接触，対人接触を好むといった，ポジティブな方向へ変化したことを示唆しているといえる。しかし，ほかの8尺度得点では有意差は見出されなかった（**Table22**）。

(4) 6種類の集合因子ごとに，pre調査とpost調査から得られた資料をもとに，対応のある差のt検定を行った。結果は以下のとおりである（**Table 23，Figure2**）。

①第2回**ワンネス・プログラム**を試行したSGE体験コースでは，DCIN得点，GR得点，RT得点において，有意差が見出された（p＜.01）。②OCoAg得点，AS得点に，有意差が見出された（p＜.05）。しかし，③AgG得点では，有意差は見出されなかった。このことは，情緒面の安定性，非内省性，社会的不適応性，主導性が，ポジティブな方向へ変化したことを示唆しているといえる。

第3回**ウィネス・プログラム**を試行したSGE体験コースでは，①DCIN得点，AS得点に有意差が見出された（p＜.01）。②OCoAg得点に有意差が見出された（p＜.05）。しかし，③AgG得点，GR得点，RT得点では，有意差は見出されなかった。このことは，情緒面の安定性，社会的不適応性，主導性が，ポジティブな方向へ変化したことを示唆しているといえる。

第4回**アイネス・プログラム**を実施したSGE体験コースでは，①AgG得点において有意差が見出されたが（p＜.05），②その他では，有意差は見出されなかった。このことは，活動性がポジティブな方向へ変化したことを示唆しているといえる。

第6章 研究3 構成的グループエンカウンターのプログラムが行動変容に及ぼす影響

Table20 Y-G下位尺度得点の平均値の変化（ワンネス・第2回体験コース）

			平均	標準偏差	t値
pre	D	抑うつ性	10.828	6.569	-3.126**
post	D	抑うつ性	8.621	6.144	
			平均	標準偏差	t値
pre	C	気分の変化	10.276	4.503	-0.888 n.s.
post	C	気分の変化	9.759	4.711	
			平均	標準偏差	t値
pre	I	劣等感	8.655	5.446	-0.86 n.s.
post	I	劣等感	8.069	5.351	
			平均	標準偏差	t値
pre	N	神経質	11.345	5.334	-3.435**
post	N	神経質	8.931	5.378	
			平均	標準偏差	t値
pre	O	主観的	7.931	4.399	-1.187 n.s.
post	O	主観的	7.241	3.592	
			平均	標準偏差	t値
pre	Co	非協調的	5.862	4.112	-2.639*
post	Co	非協調的	4.552	3.146	
			平均	標準偏差	t値
pre	Ag	攻撃的	11.207	4.346	-1.059 n.s.
post	Ag	攻撃的	10.586	3.996	
			平均	標準偏差	t値
pre	G	活動的	9.483	4.882	2.058*
post	G	活動的	10.862	4.86	
			平均	標準偏差	t値
pre	R	のんき	9.414	4.436	2.449*
post	R	のんき	10.586	4.379	
			平均	標準偏差	t値
pre	T	思考的外向	8.966	4.057	2.024†
post	T	思考的外向	9.897	4.22	
			平均	標準偏差	t値
pre	A	支配性	9.31	5.353	1.97†
post	A	支配性	10.414	4.837	
			平均	標準偏差	t値
pre	S	社会的外向	11.724	4.399	2.018†
post	S	社会的外向	12.897	5.073	

* $P < .05$ ** $P < .01$

第2節 Y-Gテストにみる人間関係得点の変化

Table21　Y-G下位尺度得点の平均値の変化（ウィネス・第3回体験コース）

			平均	標準偏差	t値
pre	D	抑うつ性	7.147	5.315	2.345*
post	D	抑うつ性	5.824	5.328	

			平均	標準偏差	t値
pre	C	気分の変化	7.853	4.781	2.941**
post	C	気分の変化	6.382	4.438	

			平均	標準偏差	t値
pre	I	劣等感	7.000	5.360	2.344*
post	I	劣等感	5.647	5.421	

			平均	標準偏差	t値
pre	N	神経質	8.088	4.914	3.067**
post	N	神経質	6.471	5.195	

			平均	標準偏差	t値
pre	O	主観的	5.824	3.099	1.314[n.s.]
post	O	主観的	5.324	3.548	

			平均	標準偏差	t値
pre	Co	非協調的	5.676	3.207	3.310**
post	Co	非協調的	4.059	3.348	

			平均	標準偏差	t値
pre	Ag	攻撃的	10.265	3.768	0.423[n.s.]
post	Ag	攻撃的	10.059	3.402	

			平均	標準偏差	t値
pre	G	活動的	11.941	3.490	-2.564*
post	G	活動的	13.324	4.457	

			平均	標準偏差	t値
pre	R	のんき	9.647	4.424	0.000[n.s.]
post	R	のんき	9.647	4.341	

			平均	標準偏差	t値
pre	T	思考的外向	9.706	3.754	-1.106[n.s.]
post	T	思考的外向	10.147	4.113	

			平均	標準偏差	t値
pre	A	支配性	9.618	5.382	-2.691*
post	A	支配性	11.147	5.004	

			平均	標準偏差	t値
pre	S	社会的外向	12.941	4.917	-2.161*
post	S	社会的外向	14.088	4.588	

* P < .05　　** P < .01

第6章 研究3 構成的グループエンカウンターのプログラムが行動変容に及ぼす影響

Table22　Y-G下位尺度得点の平均値の変化（アイネス・第4回体験コース）

			平均	標準偏差	t値
pre	D	抑うつ性	4.875	3.670	2.550*
post	D	抑うつ性	3.594	3.036	

			平均	標準偏差	t値
pre	C	気分の変化	6.906	4.336	0.430 n.s.
post	C	気分の変化	6.656	4.520	

			平均	標準偏差	t値
pre	I	劣等感	5.719	4.452	1.582 n.s.
post	I	劣等感	4.875	4.301	

			平均	標準偏差	t値
pre	N	神経質	7.281	4.517	1.229 n.s.
post	N	神経質	6.688	5.140	

			平均	標準偏差	t値
pre	O	主観的	4.875	2.612	-0.762 n.s.
post	O	主観的	5.188	3.345	

			平均	標準偏差	t値
pre	Co	非協調的	3.969	3.955	1.587 n.s.
post	Co	非協調的	3.094	3.402	

			平均	標準偏差	t値
pre	Ag	攻撃的	9.031	4.028	-2.183*
post	Ag	攻撃的	9.875	3.966	

			平均	標準偏差	t値
pre	G	活動的	13.656	3.981	-1.893†
post	G	活動的	14.344	3.470	

			平均	標準偏差	t値
pre	R	のんき	9.500	4.951	-1.103 n.s.
post	R	のんき	10.000	4.280	

			平均	標準偏差	t値
pre	T	思考的外向	9.313	3.780	-1.019 n.s.
post	T	思考的外向	9.719	4.841	

			平均	標準偏差	t値
pre	A	支配性	11.875	4.777	-0.908 n.s.
post	A	支配性	12.469	3.984	

			平均	標準偏差	t値
pre	S	社会的外向	13.250	4.879	-2.185*
post	S	社会的外向	14.594	4.264	

$* \ P < .05$　　$** \ P < .01$

第2節　Y-Gテストにみる人間関係得点の変化

Table23　プログラムとY-Gテストの集合因子別得点の平均値の変化

注：O，W，Iはプログラムの頭文字（O：oneness，W：weness，I：I-ness）

Y-Gの下位尺度ごとの結果

因　子　名	O	W	I	因　子　名	O	W	I
抑うつ性 D	●	●	●	愛想の悪いこと Ag			●
回帰性傾向 C		●		一般的活動性 G	●	●	○
劣等感の強いこと I		●		のんきさ R	●		
神経質 N	●	●		思考的外向 T	○		
客観的でないこと O				支配性 A	○	●	
協調的でないこと Co	●	●		社会的外向 S	○	●	●
上記6つの因子は情緒の適応性を示し、変化しやすいとされている				上記6つの因子は広義の向性を示し、変化しにくいとされている			

Y-Gの下位尺度を集合因子でまとめてみた結果

集合因子名		O	W	I
情緒不安定性	DCIN	●	●	
社会的不適応性	OCoAg	●	●	
活動性	AgG			●
非内省性	RT	●		
適応性	AS	●	●	
衝動性	GR	●		

●有意の変化
○有意の傾向

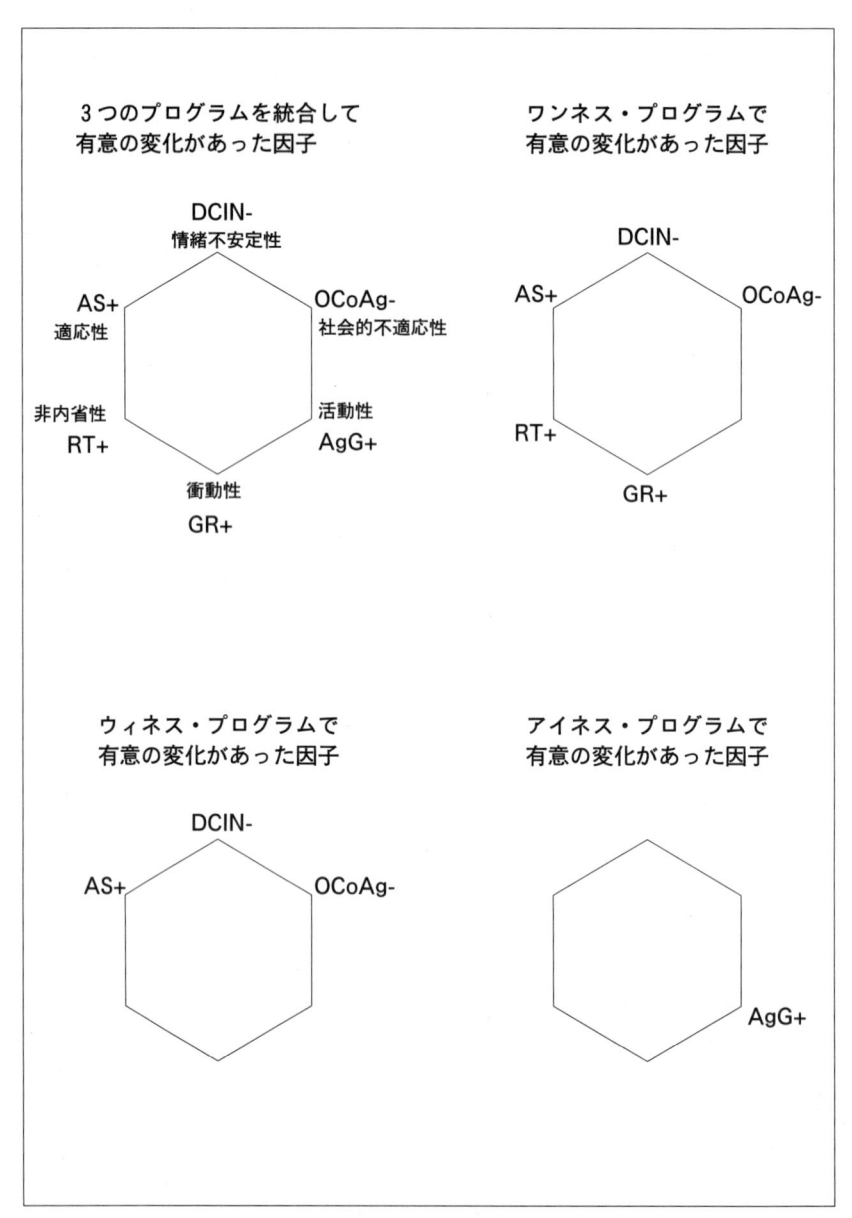

第6章 研究3 構成的グループエンカウンターのプログラムが行動変容に及ぼす影響

3つのプログラムを統合して
有意の変化があった因子

```
            DCIN-
            情緒不安定性
   AS+              OCoAg-
   適応性             社会的不適応性

   非内省性            活動性
   RT+              AgG+
            衝動性
            GR+
```

ワンネス・プログラムで
有意の変化があった因子

```
            DCIN-
   AS+              OCoAg-

   RT+
            GR+
```

ウィネス・プログラムで
有意の変化があった因子

```
            DCIN-
   AS+              OCoAg-
```

アイネス・プログラムで
有意の変化があった因子

```
                   AgG+
```

Figure2：プログラムとY-Gテストの集合因子別得点の平均値の変化
（注：+は得点の増加，-は得点の減少を表している。GRはY-Gテスト利用上重要視されない）

4 考察

pre 調査と post 調査から得られた資料をもとに、Y-G テストの下位尺度と集合因子ごとに、対応のある差の t 検定を行った。それによって得られた結果の要約と考察をする。

(1) 3種類の異なったプログラムの内容にもかかわらず、下位尺度得点で共通して有意の差が見出された Y-G テストの下位尺度は、「ときどき何に対しても興味がなくなる」といった項目で測定される、悲観的気分「抑うつ性 D」であった。また、下位尺度「一般的活動性 G」「社会的外向 S」得点に、有意の差が見出された。前者は「てきぱきとものごとをかたづける」といった項目で測定される、心身両面での活発さであり、後者は「いろんな人と知り合いになるのが楽しみ」「人目にたつようなことは好まない」といった項目で測定される、社会的接触を好む傾向、反対に対人接触を嫌う傾向である。

これらのことから、抑うつ性得点、一般活動性得点、社会的外向得点は、「プログラムの相違」には影響を受けないと示唆された。むしろ、SGE 体験コースの一貫した目標である「ふれあいと自己理解・他者理解」に影響を受けていると考えられる。すなわち、各プログラムの「主成分」になっているエクササイズ（キー・エクササイズ）は異なるけれども、3種類のプログラムに共通しているエクササイズのねらいは、自他理解にあるとともに、他者との「意味と深みのあるリレーション（社会的接触・対人接触）」形成にある。リレーション形成のためのエクササイズは、「ペンネームづくり」「自由歩行」「握手・ペンネームによる自己紹介」「ペンネームの由来を語る」「インタビュー（聞きあう）」「夢・願望を語る」「印象を語る」「他者紹介」といったものである。

また、Y-G テストでは、「一般的活動性 G」「社会的外向 S」は、変化しにくい性格特性といわれる。「一般的活動性 G」は活発な性質、身体を動かすことが好きといった性格特徴を有する。「社会的外向 S」は、対人的に外

第6章 研究3 構成的グループエンカウンターのプログラムが行動変容に及ぼす影響

向的，社交的，社会的接触を好む傾向といった性格特徴を有する。これらの特徴は，「ふれあい」志向の本ワークショップの性質や，SGEのエクササイズの多様性（例：静的・動的型，自己の内面注視・他者の内面注視型）によって，ポジティブに影響されると考えられる。

(2) ワンネスとウィネスの両プログラムで，有意の差が共通して見出された集合因子得点は，「情緒不安定性 DCIN」「社会的不適応性 OCoAg」「適応性 AS」因子であった。これらのことから，ワンネスとウィネスの両プログラムは，集合因子「情緒不安定性」得点と「社会的不適応性」得点に対して，ポジティブな方向で影響を及ぼしていることが示唆された。すなわち，これらのプログラムの特徴は，メンバー相互の受容・被受容体験，共感・被共感体験を基盤にして，メンバー相互の「意味と深みのあるリレーション」形成にある。このリレーション体験が，両集合因子に影響していると考えられる。

(3) ワンネスとウィネスの両プログラムで，有意の差が共通して見出された下位尺度得点は，「抑うつ性D」「神経質N」「協調的でないことCo」「一般的活動性G」であった。また，有意の傾向を含めると，「支配性A」「社会的外向S」であった。これらのことは，(2)で示した前述の考察がここでも適用できると考える。

(4) ウィネス・プログラムで有意差が見出された下位尺度得点は，「抑うつ性D」「回帰性傾向C」「劣等感の強いことI」「神経質N」「協調的でないことCo」であり，これらの下位尺度得点は，ポジティブな方向へ変化したことが示唆された。また「一般的活動性G」「支配性A」「社会的外向S」得点も，同様にポジティブな方向へ変化したことが示唆された。これらのことは，「1—14 『トラスト・ウォーク』のシェアリング」，エクササイズ「2—10 アニマル・プレイ」「3—1 トリップ・トゥ・ヘブン」といった，ウィネス・

プログラムのキー・エクササイズが影響していると考えられる。

(5) アイネス・プログラムで有意差が見出された下位尺度得点は，「抑うつ性D」「愛想が悪いこと Ag」「社会的外向S」であった。また，有意の傾向が見出されたのは「一般的活動性G」であった。

「正しいと思うことは人にかまわず実行する」といった項目で測定される愛想の悪さは，積極的，自尊感情，主体的，意欲的な性格特徴を表している。ここでいう「社会的外向」は，社会的接触・対人接触を好む人間好きといった性格特徴を表している。このことは，個の自覚をもちながら，気概をもって自分を打ち出していくところに特徴のある，アイネス・プログラムが影響していると考えられる。すなわち，エクササイズ「1―18　ライフライン」（自分が自分の人生に対する責任者であるという自覚を促す），私はどんな人か，内的準拠枠を明確化するところにねらいがあり，ネガティブな自己概念はリフレーミングしてポジティブにし，自己受容をすすめ，行動変容を促すことをねらう「2―8　自己概念カード」，「2―13　私のお願いを聞いて」，「2―17　紙つぶて」，「2―19　エンプティ・チェア」（対決をねらう），「3―4　別れの花束」（ねらいは出会いと別れを生きるところにあり，孤独＜loneliness＞と出会い＜encounter＞が求道者の彷徨と邂逅であることを体験する）といった，アイネス・プログラムのキー・エクササイズが影響しているといえる。

(6) アイネス・プログラムで有意の差が見出された集合因子得点は，「活動性因子」であった。これはAg（攻撃的），G（活動的）の集合で，活動性を表す因子である。Ag（攻撃的）因子は自分を打ち出す意欲を，G（活動的）は活動性を表す。このことは，ふれあう，気概をもつ，自己主張する，対決するといった行動基準をもつ，アイネス・プログラムが影響していると考えられる。

第6章 研究3 構成的グループエンカウンターのプログラムが行動変容に及ぼす影響

第3節 個人志向性・社会志向性ＰＮ得点の変化

　研究3は，SGEのプログラムが，メンバーの行動変容に及ぼす影響を明らかにするものである。前節まででは，3種類のプログラムによるSGEを試行した場合の，Y-Gテストにみる人間関係得点の変化について検討した。すなわち3種類のプログラムの相違が，Y-Gテストにみる人間関係得点の変化に及ぼす影響を検討した。

　本節では，2種類のプログラム（ウィネス・プログラムとアイネス・プログラム）によるSGEを試行した場合，プログラムの相違が，個人志向性・社会志向性ＰＮ得点の変化に対して，どのように影響するかについての研究方法とその結果を記述し，考察を加えたい。

1　目　的

　研究3の目的の第2は，SGEのプログラムが**個人志向性・社会志向性に及ぼす影響**を解明することにある。すなわち，2種類のプログラムのそれぞれが，個人志向性・社会志向性得点の変化に及ぼす影響を明らかにする。

　個人志向性・社会志向性というフレイムで，プログラムの影響を調査研究する理由は次のようになる。

　適応（adjustment）に関する研究は，内的適応（心理的適応）と外的適応（社会的・文化的適応）の2側面（北村，1965）からすすめられてきた。その後，発達的な観点から，これらの適応を成長のプロセスとしてとらえた概念として，「個性化」「社会化」が提唱された。

　これらを踏まえて，伊藤（1993）は「青年期の人格形成過程は社会や他者に志向しながら周りに適応していく過程と，自己の内面を志向しながら自己を確立していく過程と，この二つの志向性が相互補完的に作用するものとし

てとらえるべきである」「社会化と個性化は独立した終局点というよりは，適応的な人格形成の2側面として，一つの過程を織り成す」と考えた。伊藤は個性化（自分自身の内的基準への志向性）と社会化（社会的期待や社会規範への志向性）の差異性に注目して，より力動的な特性を意味するものとして，「個人志向性・社会志向性」という新しい概念を提唱した。この志向性は，自己概念を形成する際の，基準の方向性を意味している。

筆者は，カウンセリング心理学の視点及びSGEの実践的見地から，**適応を個人の成長としてとらえる。**

すなわち，ここでいう「個人の成長（personal growth）」とは，自己及び他者，環境（内界と外界）に対するある特定の感情へのとらわれ，ある特定の思考（認知）へのとらわれ，ある特定の行動へのとらわれから解放されて，必要に応じて「あるがままの自己（actual self）」を打ち出すことができるようになる，という意味である。ここでいう行動変容とは，今まであった反応の低減ないし消失，今までになかった反応の発現をいう。すなわち，自己確立志向の個性化や社会的適応をめざした，社会化に関係した行動変容をいう。

以下に，個人の成長（個性化，社会化）の具体例を挙げる。

① 「ふれあい（encounter）」という，あるがままの自己同士の交流ができる。すなわち，あるがままの自己に気づき，気づいた自己を表明・主張する。あるがままの自己の他者を，相互に受容するという人間関係を形成できるという意味である。相互の固有性・独自性を尊重しあう，感情交流のある（personal）人間関係を志向する。とくに「今ここで」の感情表明をはじめとする，自己開示行動に重きをおく。ふれあいは，自己を外に向けて打ち出す，自己疎外からの脱却，失愛恐怖からの脱却を意味している。

② 自己盲点への気づき（self-awareness）や克服への志向性を有する。自己盲点とは，「他者にはわかっているが，自分（本人）は気づいていない」という偏りを意味している。

第6章 研究3 構成的グループエンカウンターのプログラムが行動変容に及ぼす影響

③ 感情面，思考面，行動面のとらわれから解放されていて，認知の修正や拡大をし，柔軟性がある。換言すれば，ゲシュタルト心理学やゲシュタルト療法でいう地（ground）と図（figure）の転換や，全体像（meaningful Gestalt）の構成を柔軟にできるという意味である。
④ 在り方・生き方の前提として，自己選択・決定（self-decision-making）の過程を重要視する。
⑤ 自己主張（assertiveness）や対決（confrontation）をすることをためらわない。
⑥ 創造的な在り方・生き方（creativeness）を求める。とくにフランクル（Flankl,V.E.）のいう，意味の創造に重きをおく「意味への意志」（will-to-meaning）を有する。
⑦ 役割とルールの中で生きる。役割やルールにとらわれることなく，社会的場面で，現実原則を重視しながら生きる。

　研究3の第二の目的を達成するためのプログラムは，3種類のうちの2種類で，ウィネス・プログラムとアイネス・プログラムである。
　これらの2種類のプログラムは，前節のY-Gテストの12性格特性に，最も影響したと考えられるウィネス・プログラムと，影響の少なかったと考えられるアイネス・プログラムの2種類である。すなわち，前者は8下位尺度得点の有意の変化に影響していると考えられるプログラムである。後者は，3下位尺度得点の変化に影響を及ぼしたと考えられるプログラムである。

2　方　法

(1)　研究対象とワークショップの実施

　本研究の対象は，特定非営利活動法人，日本教育カウンセラー協会主催のSGEワークショップに参加した成人66名である（**Table1**　参照）。

　第3回　2005年1月7〜9日　参加者34名（男15名，女19名）

第4回　2005年3月19〜21日　参加者32名（男9名，女23名）

(2) 個人志向性・社会志向性PN尺度

参加メンバーの個人志向性・社会志向性得点の変化を測定するために，伊藤「個人志向性・社会志向性PN尺度」（1993，95）を用いた。回答は6件法である。

本尺度の信頼性については，主因子法による因子分析（バリマックス回転）と，クロンバックのα係数が求められている。

P尺度（肯定的な個人志向性因子及び社会志向性因子）の累積寄与率は62％，α係数は個人志向性因子.69，社会志向性因子.76である。

N尺度（否定的な個人志向性因子及び社会志向性因子）の累積寄与率は41.0％，α係数は個人志向性因子.708，社会志向性因子.712である。

以上から，本尺度の信頼性は十分に支持されている。

また，N尺度の併存的妥当性は，MPI（モーズレイ性格検査，内向性―外向性と神経質傾向という2軸から人格特性を判定）によって検証されている。

(3) プログラム

ウィネス・プログラム（**Table18**）は，3回目のSGE体験コースにおいて，アイネス・プログラム（**Table19**）は，4回目の体験コースにおいて，それぞれ試行された。それぞれのプログラムはP168，169に記す。

① ウィネス・プログラム

ここでいうウィネスは，「自己の実現を促すような相手の表現を支持したり，力づけたり励ましたりする」「相手の中から自己決定力を引き出す」"alliance"のことである。すなわち「連合している」「一枚噛んでいる」「他人事ではない」といったような，「相互扶助的」な対人態度がある。「偏見と先入観がない」「支配と服従がない」「報復がない（遺恨がない）」といった，水平関係に徹するという対人態度がある。「意志を見下したり，無視さ

れることがない」「自己決定への気概を支える」といったような，相手の自己の実現を尊重する。「調和（とけこんでいる）」「外界とのつながりが感じられる」「大事にされている自分を感じる」といった"relatedness"を形成する，一貫した面倒見のよさと支持的な対人態度がある。

これらを踏まえて，ウィネス・プログラムにおける，メンバー同士の行動基準として，「相手の足しになるようなことをする」「一緒に取り組む」「みんなでケアする」を設定した。リーダーを務めた筆者は，インストラクションの際に，これらにふれることにした。

プログラムのキー・エクササイズ（**Table18**）の例を挙げると，以下のとおりである。「1—14 『トラスト・ウォーク』のシェアリング」「2—10 アニマル・プレイ」「3—1 トリップ・トゥ・ヘブン」。

② **アイネス・プログラム**

アイネスは"I-Thou relationship"を意味し，相互の固有性・独自性（「かけがえのなさ」）を尊重する，畏敬の念をもちあうという態度から生じる，自己主張（assertiveness）や対決（confrontation），そして「意味と深み」のある，あるがままの自己を開示しあうエンカウンターを志向している。

エンカウンターには，融合的（ワンネス），調和的（ウィネス），対峙的（アイネス）なものがある。アイネスは，対峙的なエンカウンターである。エンカウンターそのものは行動変容であり，エンカウンターによって行動変容が始まる。

アイネスの代表例と考えられる，自己主張（assertiveness）を志向するとは，お互いの在り方を促進しあう態度であり，その具体的行動として，対決（confrontation）がある。対決は，お互いを高めあうための生産的論戦であり，互いの自己主張を促す。それは，自己の実現を相互に促すという意味である。自己の実現とは，自他の識別があり，意志と意識が目覚めていて，自己の思考と感情と行動に目覚めている，自己の存在価値を自覚していて，自分が自分の人生の責任者であるという「個」の自覚を有していることであ

る。

　これらを踏まえて，アイネス・プログラムにおけるメンバー同士の行動基準として，「ふれあう」「気概をもつ」「自己主張する」「対決する」を設定した。

　プログラムのキー・エクササイズ（**Table19**）の例を挙げると，以下のとおりである。エクササイズ「1—18　ライフライン」「2—8　自己概念カード」「2—13　私のお願いを聞いて」「2—17　紙つぶて」「2—19　エンプティ・チェア」「3—4　別れの花束」。

(4)　調査の実施

　参加メンバーの個人志向性・社会志向性得点の変化を測定するために，個人志向性・社会志向性ＰＮ尺度による調査は，各ワークショップ開始時（pre調査）とワークショップ終了直後（post調査）に実施された。

(5)　分析方法

　SGE体験コースにおけるpre調査とpost調査から得られた資料をもとに，個人志向性・社会志向性ＰＮ尺度の下位尺度ごとに，対応のある差のt検定を行った。

3　結　果

　個人志向性・社会志向性ＰＮ尺度の，pre調査とpost調査から得られた資料をもとに，下位尺度ごとに，対応のある差のt検定を行った。結果は，以下のとおりである。

(1)　第3回SGE体験コース（**ウィネス・プログラム**）参加者34名（男15名，女19名）の，pre調査とpost調査から得られた資料をもとに，下位尺度ごとに，対応のある差のt検定を行った。

　Ｐ得点の平均値は75.65（pre）から78.21（post）へと変化し，有意差が

第6章 研究3 構成的グループエンカウンターのプログラムが行動変容に及ぼす影響

見出された（p＜.05）。このことは，ワークショップ開始時に比べて，ワークショップ終了直後のP得点は，ポジティブな方向へ変化したことを示唆している。

N得点の平均値は44.35（pre）から41.74（post）へと変化し，有意の差が見出された（p＜.05）。このことは，ワークショップ開始時に比べて，ワークショップ終了直後のN得点は，ポジティブな方向へ変化したことを示唆している。

(2) 第4回SGE体験コース（**アイネス・プログラム**）参加者32名（男9名，女23名）の，pre調査とpost調査から得られた資料をもとに，下位尺度ごとに，対応のある差のt検定を行った。

P得点の平均値は78.28（pre）から81.59（post）へと変化し，有意差が見出された（p＜.01）。このことは，ワークショップ開始時に比べて，ワークショップ終了直後のP得点は，ポジティブな方向へ変化したことを示唆している。

N得点の平均値は38.47（pre）から36.35（post）へと変化し，有意差が見出された（p＜.05）。このことは，ワークショップ開始時に比べて，ワークショップ終了直後のN得点は，ポジティブな方向へ変化したことを示唆している。

4 考 察

SGE体験コースにおける，pre調査とpost調査から得られた資料をもとに，個人志向性・社会志向性PN尺度の下位尺度ごとに，対応のある差のt検定を行った。そこから得られた結果を要約し，考察をする。

ウィネス・プログラムとアイネス・プログラムを試行したSGE体験コースを体験した参加メンバーの，個人志向性・社会志向性PN得点のP得点は，2回のいずれも，ワークショップ開始時に比べて，ワークショップ終了直後

のほうが，ポジティブな方向に変化したことが示唆された。同様に，個人志向性・社会志向性ＰＮ得点のＮ得点は，2回のいずれもワークショップ開始時に比べて，ワークショップ終了直後のほうが，ポジティブな方向に変化したことが示唆された。

　第3回SGE体験コース（ウィネス・プログラム）と第4回SGE体験コース（アイネス・プログラム）とを比較すると，Ｐ得点では，第4回のほうが第3回に比べてポジティブな方向への変化量が多かった。すなわち，第3回ではpre得点とpost得点の差は2.56であり，第4回ではその差は3.31であった。このことは，Ｐ得点に対して，ウィネス・プログラムに比べてアイネス・プログラムのほうが影響していると推論できる。

　一方，Ｎ得点では，第3回のほうが第4回に比べて，ポジティブな方向への変化量が多かった。すなわち，第3回ではpre得点とpost得点の差は2.61であり，第4回ではその差は2.12であった。このことは，Ｎ得点に対して，アイネス・プログラムに比べてウィネス・プログラムのほうが影響していると推論できる。

　「Ｐ尺度」は，次のような項目から構成されている。

　個人志向性では，「自分の個性を活かそうとつとめている」「自分の心に正直に生きている」「自分が満足していれば人が何を言おうと気にならない」「自分の信念に基づいて生きている」「周りと反対でも，自分が正しいと思うことは主張できる」「自分が本当に何をやりたいのかわからない」「小さなことも自分ひとりでは決められない」「自分の生きる道が見つからない」といった項目である。これらは，自己決断や自己の実現をめざして，自己を打ち出すことを志向する在り方・生き方といえよう。

　一方，社会志向性では「人に対しては，誠実であるよう心がけている」「他の人から尊敬される人間になりたい」「他の人の気持ちになることができる」「他人に恥ずかしくないように生きている」「周りとの調和を重んじている」「社会のルールに従って生きていると思う」「社会（周りの人）のために役に立つ人間になりたい」「人とのつながりを大切にしている」「社会（周り

第6章 研究3 構成的グループエンカウンターのプログラムが行動変容に及ぼす影響

の人)のなかで自分の果たすべき役割がある」といった項目である。これらは，向社会的・愛他的であり，現実原則や社会的役割に生きる在り方を志向しているといえよう。

「N尺度」は，次の項目から構成されている。

個人志向性では，「周りのことを考えず，自分の思ったままに行動する」「自分の性格は，わがままだと思う」「個性が強すぎて，人とよくぶつかる」「何事も独断で決めることが多い」「自分中心に考えることが多い」「人に合わせるよりは，たとえ孤独であっても自由なほうがよい」といった項目である。これらは自己中心的で，独断・独善的であって，否定的な個人志向性を有する在り方生き方を志向しているといえよう。

一方，社会志向性では「何かを決める場合，周りに合わせることが多い」「人の先頭に立つより，多少我慢してでも相手に従うほうだ」「人前では見せかけの自分をつくってしまうほうだ」「何かよくないことがあると，すぐ自分のせいだと考えてしまう」「相手の顔色をうかがうことが多い」「人の目ばかり気にして，自分を失いそうになることが多い」「困ったことがあると，すぐ人に頼ってしまう」といった項目からなる。これらは他者依存的，防衛的，自己懲罰的，失愛恐怖であって，否定的な社会志向性を有する在り方生き方といえよう。

以上を踏まえると，自己決断や自己の実現をめざして，自己を打ち出すことを志向したり，向社会的・愛他的であり，現実原則や社会的役割に生きる在り方を志向する，といった項目からなるP尺度の得点が，ポジティブな方向へ変化したということは，アイネス・プログラムのほうがウィネス・プログラムに比べて影響していると考えられる。すなわち，アイネス・プログラムは，肯定的な個人志向性・社会志向性の過剰適応を予防し，適度な適応をもたらすと考えられる。

一方，自己中心的で，独断・独善的な在り方生き方を志向したり，他者依存的，防衛的，失愛恐怖，自己懲罰的の否定的な在り方生き方を志向するといった項目からなるN尺度の得点が，ポジティブな方向へ変化したというこ

とは，ウィネス・プログラムのほうがアイネス・プログラムに比べて影響していると考えられる。すなわち，ウィネス・プログラムは，否定的な個人志向性・社会志向性の不適応を予防し，適度な適応を実現すると考えられる。

　以上の考察から，個の自覚と他者の固有性・独自性への尊重は，二律背反的なものではないといえよう。ムスターカスのいう「ウィネス」と「アイネス」は，一つになって（文学的表現をすれば，「一本の糸を織り成して」），個人の成長を促す在り方生き方であるといえよう。

第7章

全体的考察

　本章では，研究1，2，3の結果と考察をもとに，全体的考察（第1節），本研究の開発的カウンセリングへの示唆（第2節），本研究の改善点（第3節），今後の課題（第4節）について記述する。

第7章　全体的考察

第1節　全体的考察

以下に，研究1，2，3の結果と考察をもとに，全体的考察をする。

1　本研究の概略

これまでの，構成的グループエンカウンター（SGE）に関する文献研究，及び実践的見地から，筆者の関心は，SGEが，個人の成長に及ぼす影響を明らかにすることにあった。そのためには，集中的グループ体験であるSGEの体験過程（SGEグループ過程・SGE個人過程）の解明が必要であった。実践的知見から述べれば，体験過程それ自体が，個人の成長に影響すると考えられるからである。

体験過程を明らかにするための方法の一つとして，尺度を用いて体験過程を測定し，その変化を調査研究するという方法がある。そこで，SGEの体験過程を測定する「SGEグループ過程尺度」「SGE個人過程尺度」を開発し，それを用いて体験過程を測定し，得られた結果をもとに，体験過程の変化について考察することにした。

研究1は，SGEグループ過程尺度の開発をし，本尺度によりSGEグループ過程を測定し，得られた結果をもとに，SGEグループ過程の変化について考察した。

研究2は，SGE個人過程を測定する尺度を開発し，それでSGE個人過程を測定し，得られた結果をもとに，SGE個人過程の変化について検討した。

また，筆者の関心の第二は，SGEの「構成」の主要素であるプログラム（目標と行動基準とキー・エクササイズ）が，個人の成長に及ぼす影響を解明することにあった。

研究3は，プログラムが，「適応」の一つのフレイムである人間関係（対

自己を含む）のもち方や，個人志向性・社会志向性に及ぼす影響を明らかにすることを目的とした。どのようなプログラムが，Y-G テストにみる人間関係得点や，個人志向性・社会志向性得点にどう影響するかを調査した。

以下に，3 つの研究の結果から得られた結果と考察を踏まえて，全体的考察をする。

2 SGE グループ過程・個人過程の変化

SGE グループ過程の変化を調べるために，第 2・3・4 回の SGE 体験コース参加者を対象にして，ワークショップ開始時（pre 調査）とワークショップ終了直後（post 調査）に，SGE グループ過程尺度に回答を求めた。pre 調査の得点と post 調査の得点との間の変化をみるために，対応のある差の t 検定を行った。

結果を要約すると，次のようになる。

第 2 回・3 回・4 回のすべてにおいて，SGE グループ過程得点の合計点に有意の変化が見出された。このことは，SGE グループ過程がワークショップ開始時に比べて，ワークショップ終了直後のほうが，ポジティブな方向に変化したことを示唆している。

また，SGE 個人過程の変化をみるために，ワークショップ開始時（pre 調査）とワークショップ終了直後（post 調査）に，SGE 個人過程尺度への回答を求め，pre 得点と post 得点間の，対応のある差の t 検定を行った。

3 回の SGE 体験コースでは，SGE 個人過程尺度の合計点，及び 4 下位尺度，①「自己露呈」，②「自己歪曲」，③「自己否定」，④「自己主張」得点のうち，3～4 下位尺度得点において，有意の変化が見出された。「自己否定」得点は第 2 回（ワンネス・プログラム）において，「自己歪曲」得点は第 4 回（アイネス・プログラム）において，有意の変化が見出せなかった。これらの結果から，3 回の SGE 体験コースの SGE 個人過程は，ワークショップ開始時に比べて，ワークショップの終了直後のほうが，ポジティブな方向に変化したといえる。

第7章　全体的考察

　SGE グループ過程尺度は，1因子・11項目から構成されている。

　具体的には，話しやすかったか，自分のことについてすんなり話せたか，言いたいことが言えたか，自分の本心（ホンネ）を話したか，居心地はよかったか，受けいれてもらったという感じがしたか，自分のことを聞いてもらったという感じがしたか，気持ちはすっきりしているか，リラックスしていたか，エクササイズにすんなり取り組めたか，対話（言語および非言語で）がはずんだか，といった項目からなる。

　すなわち，SGE グループ過程尺度は，気づいた「あるがままの自己」（体感，ホンネ，本心）の，言語的ないし非言語的手段による交流体験（「ふれあい」）の，深まりの度合い，程度に着目している。グループにおける居心地や，メンバー同士の防衛のなさや自由感，被受容感，そしてエクササイズへの抵抗感などを問うている。

　筆者は，SGE グループ過程を，エクササイズやシェアリングを通して，メンバー間に生じ，意識化された認知的・感情的・行動的側面の，あるがままの自己の言語的ないし非言語的手段による，今ここでのインターラクションの過程と定義した。この過程では，気づいた「あるがままの自己」の交流体験（「ふれあい」）の，深まりの度合い・程度が着目されている。換言すれば，グループにおける居心地や，メンバー同士の防衛の無さや自由感，共感・被共感，受容感・被受容感の程度や変化ということになる。

　一方，**SGE 個人過程尺度**は，4因子・16項目から構成されている。

　第1因子「自己露呈」は，相手に対する，今ここでの自分の気持ちを話したくなる，これまでの人生における，みじめな体験や家族の悩み事といった「ふだんなら言わないようなこと」の自己開示について言及している。自己露呈は，自己開示の下位概念と考えられる。心的外傷，ないしそれに類するほどの深い内容を開示する場合，開示者の心理的過程に着目して命名した。

　第2因子「自己歪曲」は，他者からよく思われたいという気持ちから，自分を曲げてしまう，引っ込み思案になっている，振舞いが不自然で，気持ちが萎縮してしまう，というような項目からなっている。ロジャーズは，自己

概念の崩壊を防ぐ自己防衛の一つとして,「歪曲 (distort)」を挙げている。これは,「俗にいう,ひねくれ」(國分,1980)である。「自己歪曲」(第2因子)は,失愛恐怖から,あるがままの自己を歪曲してしまうという意味である。

　第3因子「自己否定」は,相手をうらやましいと思う,自己嫌悪,自己卑下についてふれている。

　第4因子「自己主張」は,自分の言いたいことを主張できる,相手と異なる気持ちでも伝えることができる,自分のことは自分で決めている,というような,自分のホンネを表明し,打ち出していくという内容である。

　SGEにおける個人過程は,主としてグループ過程やエクササイズ,シェアリングが触媒になって,参加メンバー個々の自己への意識や,固有の人生経験・体験,見方・考え方・価値観に関連した,個人的な認知的・感情的・行動的側面の,あるがままの自己の過程といえる。あるがままの自己に気づき,気づいたあるがままの自己の把握と評価,その表出といった,一連の現象学的過程と定義した。換言すれば,ここでは認知的・感情的・行動的側面の,あるがままの自己が意識化され,非言語的ないし言語的コミュニケーションによって,表現・主張されるという,個人の行動変容の発現や変化ということになる。

　集中的グループ体験の体験過程(グループ過程・個人過程)は,体験過程それ自体が,行動変容の過程と考えられる。このことは,グループ・ダイナミックス (Morton Kissen, 1976, Donelson, R.E., 1989, 1990) をはじめとして,グループ・プロセス研究 (D.W. Johnson, 1972, Jay. M. Diamond, & Jerrold and Shapiro, L., 1975, Leonard Berkowitz, 1978. Rupert Brown, 1988, G.Houston, 1993) において指摘され,エンカウンターグループの研究 (G.Egan, 1970, Apfelbaum, B., and Apfelbaum, C., 1973, Arbuckle, D., 1973, Rowan, J., 1975, Smith, P.B., 1975, Stanton, H., 1976, Bennett, F.D., 1976, Blume, F., 1981) からも指摘されている。

　筆者の研究 (1994a, b, c, 1999) と,25年間のSGE実践の知見からは,

第7章 全体的考察

次のようなことがいえる。

① エンカウンターは，「あるがままの自己」の自己開示である。これが，メンバー同士やメンバーとリーダー間のリレーションを形成する。

② エクササイズは，ふれあいの触媒である。また，リレーションが形成されていると，体験したエクササイズや他者の発言に触発されて，問題を抱えた，あるがままの自己がいっそう語られるようになる。すなわち，「やむにやまれぬ情念（思念）に駆られて」，あるがままの自己が露呈されるようになる。話したり語ったりすること自体が，抱えている問題の明確化や克服・解決につながる。

③ SGEでは，メンバーはあるがままの自己に気づく，気づいたあるがままの自己を表現・主張する。あるがままの自己になりきっている他者を受けいれる。

④ シェアリングによって，メンバーの認知の修正や拡大がもたらされ，これが行動変容へつながる。体験過程そのものが，行動変容の過程と考えられる。

以上の4点，すなわち，あるがままの自己の自己開示（自己露呈）体験，自己を開示し，語ること自体が，問題解決・行動変容につながること，自己主張体験，自己や外界に対する認知の修正・拡大は，SGEワークショップのリーダーの念頭に，常におかれねばならない。換言すれば，構成されたエンカウンターの体験過程を検討する場合，以上の4点は，はずせない視点となってくる。

また，SGEには，四つの特徴がある。①ペンネーム，②全体シェアリング，③役割遂行，④リチュアルの四つである。これらは，内界・外界とのいっそうの和解を促すと考えられる。和解を促すとは，修正感情体験（corrective emotional experience）をしたり，感情体験を広げる，認知の修正・拡大と行動の体験学習をするという意味である。

要約すれば，これらのSGEの構造上の特徴が，内界・外界との和解を促進し，実現していると考えられる。

● SGEの4つの特徴
(1) ペンネームは，メンバー自身が自分の人生へ，いっそうコミットメントできるようにしている。例えば，ある参加者は，ワークショップの途中で「ペンネームを変えたい」と言い出す。そのときには，変えたい理由を全体に宣言する。ペンネームは「遅まきながら，自分の意志で自分に名前をつける」ところにねらいがある。そのようにすることで，この人生は私の人生である，自分の人生に対して責任を担うのは，自分であるという，意識性と責任性が促されると考えられる。これを重要視するのは，SGEの背景には，実存主義思想があるからである。
(2) 全体シェアリングは，二重の円になって，全参加者がエンカウンターする。エクササイズに取り組んでいるときは，小グループになっている。60分から90分のワン・セッションを，エクササイズをしないでこれにあてる。ワークショップ期間中に，これを4回行う。全体シェアリングのねらいは，感情・思考・行動の共有にある。これらを共有することで，認知の修正・拡大がいっそう促進されると考えられる。
(3) 役割遂行は役割理論を背景にしながら，役割を通してエンカウンターすることにねらいがある。外界への学習の転移をねらう。
(4) リチュアルは，集団が同一の行動様式をとるという意味である。SGEでは，リチュアルとして，全員が全員と握手しあう。ねらいはスキンシップとアイコンタクトを介して，集団の凝集性（groupness）を高めることにある。具体的には，ワークショップ期間中にこれを4回行う。

3　プログラムと行動変容

本研究の3は，レイ（W. J. Ray, 2003, p212-226）のいう「単一被験者

第7章　全体的考察

実験計画（single-subject design）」に示唆を得ている。これは，比較するための被実験群を設定できない場合には，介入に違いをもたせて，介入の効果検討をするという実験計画である。

①ワンネス・プログラム，②ウィネス・プログラム，③アイネス・プログラムといった3種類のプログラムの，目標・行動の基準・キー・エクササイズについて，第6章第1節に，それぞれを記述した。これらのプログラムを用いたSGE体験コースを試行し，メンバー相互がそれぞれの行動基準を意識し，自覚的にエクササイズやシェアリングにおける対人行動に取り組むと，プログラムの相違がSGE体験過程（グループ過程・個人過程）に影響を及ぼすとともに，Y-Gテストにみる人間関係得点や個人志向性・社会志向性得点に影響すると考えられる。

そこで，SGEの「構成」の主要素である，プログラム（目標と行動基準とキー・エクササイズ）が，個人の成長に及ぼす影響について考察したい。すなわち，プログラムが「適応」の一つのフレイムである人間関係（対自己を含む）のもち方や，個人志向性・社会志向性に及ぼす影響について，研究3の結果と考察を踏まえて，全体的考察を加えたい。

(1)　プログラムがメンバーの人間関係のもち方（パターン）に及ぼす影響

以下の考察から，3種類のプログラムを試行したSGE体験ワークショップのアウトカムは，それぞれ異なっているという示唆を得た。これは3種類のプログラムが，SGE体験過程へ異なった影響のしかたをしていると考えられる。

(1)　3種類の異なったプログラムの内容にもかかわらず，Y-Gテストにみる抑うつ性得点，一般活動性得点，社会的外向得点は，プログラムの「相違」には影響を受けないと示唆された。むしろ3種類のプログラムに共通しているエクササイズ，すなわち他者との**好意的・友好的な社会的接触・対人接触**をねらったエクササイズに，影響を受けていると考えられる。すなわち，

第 1 節 全体的考察

ペンネームづくり,自由歩行,握手・ペンネームによる自己紹介,ペンネームの由来を語る,インタビュー(聞きあう),夢・願望を語る,印象を語る,他者紹介といったものである。

また,Y-Gテストでは,一般的活動性G,社会的外向Sは,変化しにくい性格特性といわれる。前者は,活発な性質,身体を動かすことが好きといった性格特徴を有する。後者は,対人的に外向的,社交的,社会的接触を好む傾向といった性格特徴を有する。これらの性格特性は,「ふれあい」志向で,かつ「多様性」のあるエクササイズ(例:静的・動的型,自己の内面注視・他者の内面注視型)によって,影響を受けると考えられる。

(2) ワンネスとウィネスの両プログラムで,有意の差が共通して見出された「集合因子」得点は,情緒不安定性DCIN,社会的不適応性OCoAg,主導性ASであった。このことは,ワンネスとウィネスの両プログラムが,情緒不安定性得点と社会的不適応性得点に対して,ポジティブな方向で影響を及ぼしていることを示唆している。すなわち,これらのプログラムの特徴は,メンバー相互の**受容・被受容体験**,**共感・被共感体験**を基盤にした,意味と深みのあるリレーション体験が,両集合因子に影響していると考えられる。

ワンネスとウィネスの両プログラムで,有意の差が共通して見出された「下位尺度」得点は,抑うつ性D,神経質N,協調的でないことCo,一般的活動性Gであった。また,有意の傾向を含めると,支配性A,社会的外向Sであった。これらのことは,(2)で示した前述の考察が,ここでも適用できると考える。

(3) ウィネス・プログラムで有意差が見出された「下位尺度」得点は,抑うつ性D,回帰性傾向C,劣等感の強いことI,神経質N,協調的でないことCoであり,これらの下位尺度得点は,ポジティブな方向へ変化したことが示唆された。また,一般的活動性G,支配性A,社会的外向S得点も,同様にポジティブな方向へ変化したことが示唆された。

第7章　全体的考察

　因みに，有意の差が共通して見出された「集合因子」得点は，情緒不安定性 DCIN，社会的不適応性 OCoAg，主導性 AS であった。これらのことは，「『トラスト・ウォーク』のシェアリング」，エクササイズ「アニマル・プレイ」「トリップ・トゥ・ヘブン」といった，ウィネス・プログラムのキー・エクササイズが影響していると考えられる。

（4）　アイネス・プログラムで有意差が見出された「下位尺度」得点は，抑うつ性 D，愛想が悪いこと Ag，社会的外向 S 得点であった。また，有意の傾向が見出されたのは，一般的活動性 G であった。

　「正しいと思うことは人にかまわず実行する」といった項目で測定される愛想の悪さは，積極的，自尊感情，主体的，意欲的な性格特徴を表している。社会的外向 S は，社会的接触・対人接触を好む人間好きといった性格特徴を表している。このことは，エンカウンターの3側面（融合・調和・対峙的側面）の対峙的側面である，**個の自覚をもちながら，気概をもって自分を打ち出していくところに特徴のある**，アイネス・プログラムが影響していると考えられる。すなわち，エクササイズ「ライフライン」（自分が，自分の人生に対する責任者である，という自覚を促す），私はどんな人か，内的準拠枠を明確化するところにねらいがあり，ネガティブな自己概念は，リフレーミングしてポジティブにし，自己受容をすすめ，行動変容を促すことをねらう「自己概念カード」，「私のお願いを聞いて」，「紙つぶて」，「エンプティ・チェア」（対決をねらう），「別れの花束」（ねらいは人生における出会いと別れを生きるところにあり，孤独〈loneliness〉と出会い〈encounter〉が求道者の彷徨と邂逅であることを体験する）といった，アイネス・プログラムのキー・エクササイズが影響しているといえる。

　アイネス・プログラムで，有意の差が見出された「集合因子」得点は，活動性因子であった。これは Ag（攻撃的），G（活動的）の集合で，活動性を表す因子である。Ag（攻撃的）因子は，自分を打ち出す意欲を，G（活動的）は活動性を表す。このことは，ふれあう，気概をもつ，自己主張する，

対決するといった行動基準をもつ、アイネス・プログラムが影響していると考えられる。

(2) プログラムが、メンバーの個人志向性・社会志向性に及ぼす影響

第二に、2種類のプログラム（ウィネス・プログラムとアイネス・プログラム）が、個人志向性・社会志向性 PN 得点に、どのように影響しているか、全体的考察をする。

以下の考察からは、**個の自覚・自己実現（個性化）と他者の固有性・独自性の尊重（社会化）は、二律背反的なものではない**と考えられる。ムスターカス（Moustakas, C.）のいう「ウィネス」と「アイネス」は、一つになって（文学的表現をすれば、「**一本の糸を織りなして**」）、個人の成長を促す在り方生き方といえよう。

(1) P 尺度は、自己決断や自己の実現をめざして、自己を打ち出すことを志向し、向社会的・愛他的であり、現実原則や社会的役割に生きる在り方を志向するといった項目からなる。P 尺度得点の、ポジティブな方向への変化量（pre 得点と post 得点の差）は、アイネス・プログラム試行の SGE 体験コースのほうが、ウィネス・プログラム試行の場合に比べて大きかった。このことは、アイネス・プログラムのほうが、ウィネス・プログラムに比べて影響していると考えられる。アイネス・プログラムは、肯定的な個人志向性・社会志向性の過剰適応を予防し、適度な適応をもたらすと考えられる。

(2) N 尺度は、自己中心的で、独断・独善的な在り方生き方を志向し、他者依存的、防衛的、失愛恐怖、自己懲罰的の否定的な在り方生き方を志向する、といった項目からなる。N 尺度得点の、ポジティブな方向への変化量は、ウィネス・プログラム試行の SGE 体験コースのほうが大きかった。このことは、ウィネス・プログラムのほうが、アイネス・プログラムに比べて影響していると示唆していると考えられる。ウィネス・プログラムは、否定

的な個人志向性・社会志向性の不適応を予防し，適度な適応を促進すると考えられる。

4　SGE と個人の成長

カウンセリング心理学の視点，及び SGE の実践的見地から，筆者は，個人の成長を適応（Adjustment）として考えている。ここでいう「個人の成長（personal growth）」とは，自己及び他者，環境に対する（内界・外界に対して），ある特定の感情へのとらわれ，ある特定の思考（認知）へのとらわれ，ある特定の行動のとらわれから解放されて，必要に応じて「あるがままの自己（actual　self）」を打ち出すことができるようになる（行動変容），という意味である。ここでいう行動変容とは，今まであった反応の低減ないし消失，今までなかった反応の発現をいう。すなわち，自己確立志向の「個性化」や，社会的適応をめざした「社会化」に関係した行動変容をいう。

例えば，次のようなものである。

① 　「ふれあい（encounter）というあるがままの自己同士の交流」ができる。すなわち，あるがままの自己に気づき，気づいた自己を表明・主張する。あるがままの自己の他者を，相互に受容するという人間関係を，形成できるという意味である。相互の固有性・独自性を尊重しあう，感情交流のある（personal）人間関係を志向する。とくに「今ここで」の感情表明をはじめとする，自己開示行動に重きをおく。ふれあいは，自己を外に向けて打ち出す，自己疎外からの脱却，失愛恐怖からの脱却を意味している。
② 　自己盲点への気づき（self-awareness）や，克服への志向性を有する。自己盲点とは「他者にはわかっているが，自分（本人）は気づいていない」という偏りを意味している。
③ 　感情面，思考面，行動面のとらわれから解放されていて，認知の修正や拡大をし，柔軟性がある。換言すれば，ゲシュタルト心理学やゲシュタルト療法でいう地（ground）と図（figure）の転換や，全体像（meaningful

Gestalt）の構成を柔軟にできるという意味である。
④ 在り方・生き方の前提として，自己選択・決定（self-decision-making）の過程を重要視する。
⑤ 自己主張（assertiveness）や対決（confrontation）をすることをためらわない。
⑥ 創造的な在り方・生き方（creativeness）を求める。とくにフランクル（Frankl, V.E.）のいう，意味の創造に重きをおく「意味への意志」（will-to-meaning）を有する。
⑦ 役割とルールの中で生きる。役割やルールにとらわれることなく，社会的場面で，現実原則を重視しながら生きる。

SGEは，集中的グループ体験である。SGE体験の体験過程は，それ自体が参加メンバーの行動変容の過程であるということが，研究1，2，3から示唆された。すなわち，参加メンバーのSGEグループ過程・個人過程における，ポジティブな方向への変化，Y-Gテストにみる人間関係のもち方の，ポジティブな方向への変化，個人志向性・社会志向性PN尺度得点の，ポジティブな方向への変化から示唆された。
SGEの，「構成」の主要素であるプログラム（目標と行動基準，キー・エクササイズ）は，この体験過程のSGEグループ過程・SGE個人過程のそれぞれに影響しているということが，本研究から示唆された。このことは，エクササイズの多様性，すなわちプログラムの多様性を有するSGEは，参加メンバーの行動変容に対して，多面的な効果をもたらすと考えられる。
SGEは，既述した個人の成長に寄与するグループ・アプローチの一つであり，開発的カウンセリングの一形態であるといえる。

第7章 全体的考察

第2節 本研究の開発的カウンセリングへの示唆

本節では，本研究の結果・考察を踏まえて，開発的カウンセリングへどのような示唆・貢献ができるかについて記述する。

1 SGE 研究への示唆

SGE は，集中的グループ体験である。グループ体験の体験過程を明らかにするためには，グループ過程に迫る必要がある。その一方法として，グループ過程を測定する尺度を用いる方法が挙げられる。

しかし，これまでの SGE に関する研究では，集中的グループ体験の体験過程のグループ過程及び個人過程を測定する，信頼性の高い尺度は開発されていない。

そこで，研究1では，SGE のグループ過程に着目した。ここでは，SGE グループ過程尺度の開発をし，それによって，SGE グループ過程を測定し，得られた結果をもとに，SGE グループ過程の変化について考察した。

研究2では，SGE の個人過程に注目した。ここでは，SGE 個人過程を測定する尺度を開発し，それをもとに，SGE 個人過程を測定し，得られた結果をもとに，SGE 個人過程の変化を検討した。

以上の研究1，2は，SGE 研究における体験過程の解明の，一資料及び一示唆を提供していると考えられる。

また，「SGE グループ過程尺度」及び「SGE 個人過程尺度」によって，SGE 体験過程のアセスメントが可能になる。このことは，集団育成の実践的見地からいえば，SGE 体験ワークショップの改善・発展に向けた示唆を提供できると考えられる。

一方，研究3では，SGE のプログラムが，行動変容に及ぼす影響に着眼

した。ここでは，3種類のプログラムを用意して，それぞれのプログラムによる，2泊3日のSGE体験コースを試行し，得られた結果をもとに，行動変容の違いがあるかについて考察した。アウトカム（行動変容）の相違について調べるために，本研究ではY-Gテストにみる人間関係のもち方及び個人志向性・社会志向性をとりあげた。3種類のプログラムは，それぞれワンネス・プログラム，ウィネス・プログラム，アイネス・プログラムの3種である。

　研究3は，単一被験者実験計画から示唆を得ている。すなわち3種類のプログラムを用意し，介入に違いをもたせて，介入の効果検討をするという実験計画である。このようなデザインは，SGEの効果研究の研究方法に，一示唆を提供していると考えられる。

2　SGEは開発的・教育的モデル

　ここでは，筆者のカウンセリングの定義について述べ，開発的・教育的モデルとしてのSGEについて考察する。第二に，グループ・アプローチにおけるSGEの位置づけを試みる。

(1) SGEはカウンセリングの開発的・教育的モデル

　筆者はカウンセリングを以下のように定義している。

　「カウンセリングとは，人間の心理的健康と成長の促進を究極的な目的とする，心理学的・専門的な援助過程である。同過程で行われる援助は，カウンセリング心理学をはじめとする行動科学・哲学に基づき，開発的・問題解決的であり，発達課題の達成と適応を促進する。これは，インフォームド・コンセント及びリレーションのもとで，言語的及び非言語的コミュニケーションを通して，態様別に行われる」

　援助過程とは，援助者と被援助者の人間関係をいう。インフォームド・コンセントとは，援助者が倫理綱領に基づき，十分な説明をし，被援助者の同意を得るという意味である。その意図は，作業同盟を結ぶことにある。ここ

第7章　全体的考察

でいう発達課題とは，人間の生涯発達課題をいい，学習面，キャリア面，個人・社会面，健康面の課題をいう。適応とは，個性化（自己の内面を志向しながら，自己を確立・実現していく過程）と社会化（社会や他者を志向しながら，周りに適応していく過程）を意味する。リレーションとは，被援助者と援助者間の，信頼と敬意に満ちたあたたかい人間関係の体験過程をいい，両者が自己注視・自己理解しながら，意味と深みのある人生の一コマを共に生きる過程をいう。態様別とは，被援助者の問題に応じて，健常な個人または集団を対象にした場合に，効果的かつ効率的な方法をとるという意味である。

以上の定義のもとで，SGE は，開発的カウンセリングの一形態であり，グループ・アプローチの一つと考える。健常な参加メンバーが，グループ状況でのエンカウンターを実現するという，開発的・教育的な集中的グループ体験と考える。すなわち，本研究で明らかにしたSGE の体験過程は，それ自体が，参加メンバーの行動変容の過程であると考えられる。このことは，SGE が，SGE 開発的カウンセリングの一形態としての，役割と機能をもっていると考えられる。

さらに，SGE が開発的・教育的であるという根拠を提示する。

SGE の源流は，オープン・エンカウンターにある。提唱者のシュッツ（Schutz, W.）は，社会心理学者として対人関係欲求理論を体系づけ，これに基づく測定法，「FIRO-B」（Fundamental Interpersonal Relations Orientation-B）を開発した研究者である。自己理論に基づくエンカウンターの「言葉の行き詰まりや対人的葛藤で，リーダーやメンバーのエネルギーを数時間分，消耗させてしまう欠点」を解消するために，各種の技法を導入した。

一方，わが国で「構成的」エンカウンターを提唱した國分は，カウンセリング・サイコロジストであり，人間関係開発（主として人間関係能力〈interpersonal skill〉の育成）を目的にしたSGE を志向しながら実践してきた。シュッツと國分の共通点は，インターパーソナル志向であるという

点であると考えられる（國分編，1992，2000，Schutz，1975）。

SGE の対象は，主として，自分の抱えたインターパーソナルな問題を解決したい，自己啓発や自己変革に動機づけられた健常者である。参加申込の時点で，カウンセリングないし心理療法を受けている人は，この中に含まれない。

次に，SGE で用いられるエクササイズは，心理面の発達を目標とする心理教育的な課題である。心理教育的課題とは，思考・感情・行動の 3 側面における体験学習を促進する課題のことである。SGE は，「ふれあいと自己理解・他者理解」を目標とし，究極的には人間成長を目的としている。

本研究は，開発的カウンセリングの人間関係開発にはじまり，人間成長に関する研究であるとともに，集団育成の教育技法として，開発的・教育的モデルの SGE の有効性を問うものである。集団育成は，第 1 章で記したとおり教育や産業や福祉，その他の領域における，古くて新しい課題であると考えると，本研究は，開発的カウンセリングの役割と機能の拡充につながると考えられる。

(2) グループ・アプローチにおける SGE の位置づけ

次に，カウンセリングのグループ・アプローチの中に，SGE を位置づける（**Figure3**）。この試みは，Gladding, S. T. (1988) の "FIGURE 1. 2. 3., Group approaches conceptualized." に示唆を得ている。

SGE は，自他とのエンカウンター（encounter with others, encounter with self）が主たる目的である。エンカウンターを「構成」しているので，位置的にはリーダー中心の側に寄るが，精神分析や交流分析をするほど，リーダー中心ではない。

第7章　全体的考察

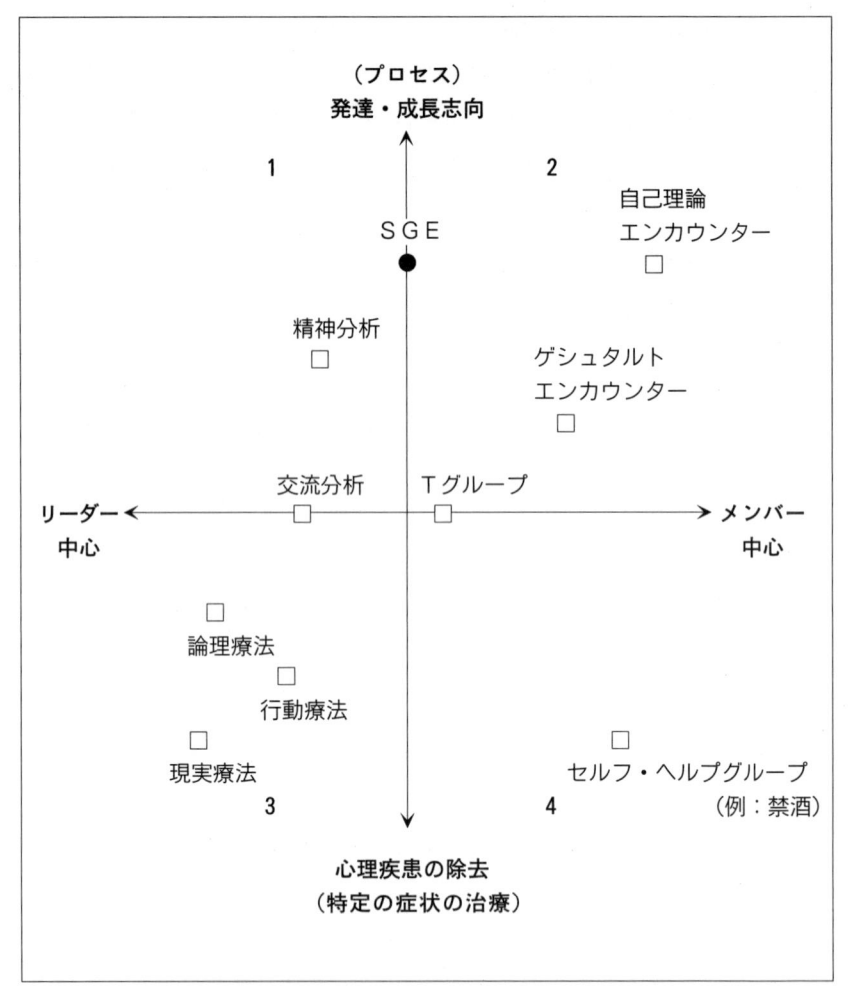

```
              （プロセス）
              発達・成長志向
         1              2
                           自己理論
              SGE         エンカウンター
               ●           □
           精神分析
             □        ゲシュタルト
                      エンカウンター
                          □
         交流分析  Tグループ
リーダー ←──□──────□──────────→ メンバー
 中心                               中心
              □
           論理療法
                □
              行動療法
           □
         現実療法              □
         3              4   セルフ・ヘルプグループ
                                （例：禁酒）
              ↓
           心理疾患の除去
          （特定の症状の治療）
```

Figure3　グループ・アプローチの概念図

3　SGE プログラム・モデル

　研究3では，3種類のSGEプログラムを用意し，試行した。これらのプログラムは，エンカウンターの3局面をプログラム化したものといえる。すなわち，①融合的，②調和的，③対峙的といった局面に沿っている。換言す

れば，①ワンネス，②ウィネス，③アイネスという3局面である。

　これまでのSGEのプログラミングは，定型化された静・動のエクササイズを組み合わせたり，言語・非言語のエクササイズを組み合わせて配列してきた。筆者はこれらのほかに，前述したエンカウンターの3局面に合わせたエクササイズの配列を試みた。これら3種類のプログラムが，参加メンバーの行動変容に及ぼす影響については，既に考察した。

　以上を踏まえて，筆者が本研究に用いた3種のプログラムを，SGEプログラムのモデルとすることを提起したい。

4　集団育成の教育技法としてのSGE

　ここでは，SGEが，集団育成の教育技法としてもつ有効性について述べる。

(1)　ジェネリックSGEとスペシフィックSGE

　SGEには2種類ある。ジェネリックSGEと，スペシフィックSGEである。

　前者は，集中的グループ体験としてのSGEであり，参加メンバーの行動変容からはじまり人間成長を目的にしている。筆者が本研究の対象にしたSGEはジェネリックである。

　後者は，学校教育や社内教育で，目的に応じて活用されるSGEであり，文化的孤島における集中的グループ体験ではない。共通点は，SGEが集団育成の教育技法の一つとして有効である，という点である。

　スペシフィックSGEは，現在，学校教育の領域で普及・定着している。都道府県の教育センター・教育研究所において，多くの教育関係者がSGE研修，人間関係づくりの研修に参加している。

　集団育成には，ソーシャル・リレーション（役割交流）とパーソナル・リレーション（感情交流）の両方が必要であるが，本研究から，SGEはこれらのリレーション形成に有効であるという示唆を得た。すなわち，研究1に

おいて示した，SGEグループ過程のポジティブな方向への変化と，参加メンバーに役割遂行を求めるという構造上の特徴から，集団育成にはSGEが効果的であると考えられる。

(2) 非構成法との比較

次に，自己理論に基づいたエンカウンター・グループと，構成的グループエンカウンターとの相違点を挙げる。

自己理論に基づいたエンカウンター・グループの初期のグループ過程は，SGEグループ過程にはないものといえる。すなわち，第1段階の，話す内容が主として外面的な事柄に関するものであったり，感情・個人的意味が認識されていないとか，密接な関係は危険だと解釈されているといった過程はSGEには存在しない。また，第2段階の，メンバー個人が自分の主観的経験から遠く離れているとか，自分自身を客体として矛盾した話をすることもあるといった過程はない。第3段階の，今ここにはない感情及び個人的意味を多く述べるとか，過去との関連で，これらが話されるといった過程は，SGEグループ過程にはない。

また，ロジャーズは，グループ過程の最終段階では，苦痛と悩みをもっている人に対して，多くのメンバーが援助的・促進的・治療的態度で接する自然で自発的な動きが見出される，と指摘している。

SGEグループ過程も，ベーシックの場合と同じで，メンバーは自然で自発的で能動的な動きをする。しかし，この動きは援助的・促進的ではあるが「治療的態度」ではない。むしろ，啓発的・開発的・教育的である。それは，モデリングの対象たるリーダーの意識の中に，治療的な見方や対応をするという意識が少ないからではないかと思われる。

これは，SGEが，インターパーソナル志向だからである。このことは，集団育成の教育技法に適していると思われる。

第3節　本研究の改善点

　ここでは，自己理論のエンカウンター・グループ研究と比較しながら，本研究の改善点を述べる。

(1)　「個人過程」と「グループ過程」のつながりに関する研究

　村山（2005）は，「プロセス理論から展開する事例研究」の意義を指摘している。これは，体験過程のグループ過程の発展段階を軸とした，グループの事例研究である。

　平山（1998）は，ベーシック・エンカウンターグループの発展段階について，ロジャーズ研究と村山・野島研究，そして平山研究の3研究を対比している。平山研究では，「発展」段階とはいわずに，「発達」段階と表現しているとともに，平山の発達段階は，個人過程の展開から見た発達段階論になっているのが特徴である。

　本研究は，この部分が欠落している。SGE は「構成」されているので，グループの発達段階を把握するための方法論から，検討する必要があろう。

　SGE では2泊3日のワークショップ期間中に，4回の全体シェアリングがある。まずは「全体シェアリングの体験過程」のパイロット・スタディをすすめる必要があろう。ここでは，事例研究法が有効であると考えられる。筆者は，SGE 体験の体験的事実の研究を行ったが，体験的事実の収集を手掛かりにした，パイロット・スタディも有効であろうと考えられる。

　また村山は，「創造的研究は方法論から生まれるのではなく，研究対象へのもぐり込み（indwelling）から生まれてくる」と，科学思想家のマイケル・ポラニイの研究法の意義を強調している。これは，ムスターカスも同じである。彼は "Heuristic Methods of Obtaining Knowledge"（「体験的認識法」）

を，児童臨床において有効であることを説き，この体験的認識法の一つとして，indwelling 法を取りあげている。筆者は，エンカウンターの3局面のワンネスを融合的側面としてとらえ，indwelling を取りあげている。

(2) グループの成長に関する研究

第二の改善点は，本研究では「グループの成長」に関する調査研究が，十分ではなかったという点である。本研究では，SGE グループ過程を測定する尺度を開発し，グループ過程を測定し，得られた結果から，グループ過程の変化を考察したにとどまった。

(3) 全体シェアリング内における体験過程の研究

第三の改善点は，SGE の「全体シェアリング」の体験過程を明らかにしていなかった点である。本研究で取りあげた体験過程は，ワークショップ期間中の全セッションの体験過程（グループ過程・個人過程）であった。それゆえに，全体シェアリングの体験過程のみを取りあげて，体験過程の調査研究は意味があると考える。

その理由は，全体シェアリングでは，SGE リーダーないしスーパーバイザーの能動的な介入が行われるからである。「グループの中で起きた問題は，グループの中で解決する」という原則と，「ある特定の個人の問題は，実は多くのメンバーが抱えているので，その問題解決は公共性がある」という見地に立って，ロールプレイや簡便法のカウンセリングが，参加メンバー全員の中で行われる。

ロシアの心理学者で，文化歴史的理論を提唱したヴィゴーツキー（Vygotsky, L.S. 1896-1934）は，言葉は内的な記号として思考を媒介しており，内言（内的な言葉）の形で現れるとしている。形式としては，声には出されない。いわば頭の中の言葉であり，その機能は，自分自身に話しかけることによって，自分の行動を支配・調節する。

このように考えると，参加メンバー全員の前での簡便法によるカウンセリ

ング場面は，メンバーの内言を誘発する機会となると考えられる。それゆえに，全体シェアリングの体験過程のみを取りあげて，体験過程の調査研究は意味があると考える。このような体験過程は，ベーシック・エンカウンターグループには無い特徴であるといえる。

第7章 全体的考察

第4節 今後の課題

本節では，(1) SGE研究の今後の課題，(2) SGEリーダーの養成，(3) 少子高齢化社会の諸問題の克服に向けたSGE実践について，検討する。

1 SGE研究の今後の課題

武蔵・河村（2003）は「日本におけるエンカウンター・グループ研究とその課題」を著し，「研究の課題と方向性」の中で「(3) 心理的成長の定義の必要性」について，「BEG，SEGにおける成長とは何か，といった成長の定義がより具体的に検討されるべきである」と述べている。

これは，「心理的成長」ないし「個人の成長」を，操作的定義レベルで具体的に検討することが必要であるとの提言と理解できる。本研究では，この提言に接近できたと考えられるが，十分とはいえない。

本研究では，「人間成長（心理的成長）」という概念の定義をしたものの，操作的定義はしていない。ただし，SGEグループ過程・SGE個人過程は行動変容の過程でもあるので，グループ過程・個人過程を定義することで，代替できると考えられる。さらに，体験過程における，グループ過程と個人過程の相互作用は，周知のことと考えられる。

このように考えると，体験過程の変化を調査研究することで，グループ体験の効果について，言及できると考えられる。

また本研究では，SGEのプログラムの相違が，アウトカムの違いにどのように影響するかを考察する前提として，それぞれのプログラムの目標と行動の基準とキー・エクササイズを明確にした。これは，SGE理論の構築に欠かせない部分であると考えられる。

SGE理論を構築するにあたっては，その人間観（例：SGEがめざす人間

成長)をはじめとして,性格構造論(例:ジョハリの窓,ゲシュタルト療法の「図と地」論),体験過程論(例:対象関係論),行動変容論(例:自己認知の変容,自己概念の変容,セルフ・エスティームの変容,イラショナル・ビリーフの修正のメカニズム),プログラミング論,介入論が必要とされる。

このなかの,行動変容に関して,プログラムを変えることで行動変容に相違が現れることが,本研究から示唆された。

2 SGE リーダーの養成

エンカウンター・グループにおいて,グループ状況でのエンカウンターを促進するファシリテーションは必要である。それゆえにベーシック・エンカウンターグループのファシリテーターの養成は,重要課題になっていて,着々とすすめられている。同じように,SGE のリーダー養成も緊急課題である。

SGE のリーダーには,これまでの実践的知見から,次のことが必要であると考えられる。

第一に,リーダーの行動の前提になる**三つの哲学**にふれること。実存主義とプラグマティズム,論理実証主義の三つである。欲をいえば,一般意味論にふれることが望ましい。第二に,**カウンセリングの諸理論**を修めること。第三に,**カウンセリングの諸技法**を修めること。これは,リーダーが必要に応じて,能動的な介入を可能にすると考える。

教育分析(personal counseling)は,本来個別に行われるものであるが,これを受ける機会は限られている。そこで,SGE に積極的に参加することで,自己の行動のパターンや,その意味を自己理解することが,リーダーにとって肝要である。教育分析は,被援助者の幸福と利益を守り増進するために,援助専門職者には必須のものと考えられる。

3 少子高齢化社会の諸問題の克服に向けた SGE 実践

第1章第1節で,現今のわが国の少子高齢化社会が抱える諸問題について,プロフェッショナル・サイコロジーの見地から指摘した。これらの諸問題に

第7章　全体的考察

共通した認識の一つは,「健全」で「教育力」をもつ「集団」の育成という,古くて新しい問題に関するものであると考える。

これらの問題に対して, SGEの寄与できる可能性を考察したい。

(1)　国家的プロジェクトとして, キャリア・コンサルタント(キャリア・カウンセラー)の養成事業が行われている。その養成プログラムでは,「グループ・アプローチ」による, 職業教育の推進にかかわる理論と, スキルの学習が盛り込まれている(「キャリア・コンサルティングの効果的普及のあり方に関する研究会」, 2003)。

グループの中で, 相互に自分の「思い」を語りあうことで, 漠然とした思いが明確になったり, 整理されたりする。自分とは違う思いにふれることで, 自分の思いが修正されたり, 深められたり, 広がったりする。または, 見えなかったものが見えてくることもある。

組織人から脱却するには, 自己疎外からの脱却が必要となる。キェルケゴールの言葉をかりれば, 自己疎外は「死に至る病」である。感情交流の過程を取り戻すことは,「死に至る病」を克服することにつながると考えられる。

(2)　地域住民が交流を深め, 地域の教育力の向上を図るために, 特定非営利活動法人と地方公共団体の社会福祉課や生涯教育課との連携事業として, セルフ・ヘルプ・グループの育成事業が注目されている。

諺に「三人寄れば文殊の知恵」という。忌憚なくものが言える安心と, 自由な雰囲気の下で, 創造的思考はグループの中でこそ, 人はその真価を発揮するという事実は, 周知のところである。

(3)　文部科学省の教員養成施策では, 障害者や高齢者の介護・介助施設でのボランティア活動が, 必修として位置づけられた。同省は, 初等・中等教育機関で, 児童生徒の「心の居場所づくり」「心の教育」, 問題発見・解決能力を核とした「生きる力」の育成,「ガイダンス機能の充実」の積極的実践

第4節　今後の課題

を強調する通達を発している。これらの実践の基盤になるものは，集団の育成，換言すれば準拠集団の育成であろう。

　仲間に対する好意的な関心を相互に向けあい，受容と被受容，共感と被共感，自己主張と互いを高めあう生産的論戦（対決）のある集団が，準拠集団の一形態と考えられる。すなわち，ワンネスとウィネス，アイネスのある集団の育成であると考えられる。

（4）　指導力不足の教師の再教育プログラムには，集団育成のリーダーシップの在り方・とり方が盛り込まれている。

　ここでいう集団は，準拠集団のことである。感情交流のできる集団育成の教育技法を学修するには，まず，教師自身がこの種のワークショップに「もぐり込む（indwelling）」ことで，集団体験を身をもって体験することであろう。

　教師こそ，集団育成のプロフェッショナルであることが望ましい。感情交流のできる集団は，安心と自由があり，児童生徒は愛情・承認欲求を充足できると考えられる。ここには，自己規制を可能にするルールがある。言い方を換えれば，自己教育力を育めると考えられる。児童生徒が自らルールを創造し，維持する力を育み，自己向上につなげていくという構図をデザインできるであろう。

　また，児童生徒の保護者たちの集団育成も重要となる。保護者も子どもたちと同じように，感情交流のできるような集団であることが望ましいと考えられる。

（5）　「地域に開かれた学校（大学）」という標語は，地域の教育機関が地域住民に開放され，新旧の地域住民の交流，老若男女の交流の活性化を目標の一つとしている。新旧の地域住民の交流，老若男女の活性化の基盤は，感情交流であると考えられる。

　マルティン・ブーバーは，「関係の中にこそ愛がある」と主張した。これ

は，コペルニクス的転回であった。この主張は，あるがままの自己の他者の固有性・独自性（「かけがえのなさ」）に対して，畏敬の念をもちあうことの重要さを説いていると考えられる。これを実現するための第一歩は「ふれあい」，すなわち，あるがままの自己同士の感情交流であると考えられる。

　國分は，カウンセリングの開発的側面を強調して，これを「育てるカウンセリング」と提唱している。教育場面での育てるカウンセリングを「教育カウンセリング」ともいう。

　筆者は，SGEを，開発的カウンセリングの中に位置づけた。換言すれば，SGEを，育てるカウンセリングや教育カウンセリングの中に位置づけたことになる。

　このように考えると，集団育成の教育技法として，SGEに課された，今後の社会的課題，及びSGEに向けられる期待は大きいと考えられる。これに応えるべく，真摯で着実な実践的研究を積み重ねたい。

図表一覧

図表番号	図表名	在所
要旨T1	SGEグループ過程尺度の因子負荷量	12頁
要旨T2	SGE個人過程尺度の因子負荷量	13頁
要旨T3	oneness, weness, I-nessのプログラム（抄）	14頁
要旨T4	参加者属性	15頁
要旨T5	SGEグループ過程得点の平均値の変化	17頁
要旨T6	SGE個人過程得点の平均値の変化	17頁
要旨T7	プログラムとY-Gテストの集合因子別得点の平均値の変化	19頁
要旨T8	個人志向性・社会志向性ＰＮ尺度得点の平均値の変化	20頁
要旨F1	本研究の構成	11頁
要旨F2	グループ・アプローチの概念図	27頁
T1	2泊3日体験コース参加者属性	104頁
T2	SGEグループ過程尺度の項目と因子負荷量	106頁
T3	SGEグループ過程尺度と松浦・清水尺度との相関関係（第2回SGE体験コース）	110頁
T4	SGEグループ過程尺度と松浦・清水尺度との相関関係（第3回SGE体験コース）	111頁
T5	SGEグループ過程尺度と松浦・清水尺度との相関関係（第4回SGE体験コース）	112頁
T6	SGEグループ過程得点・松浦清水グループ過程得点の平均値の変化（第2回体験コース）	121頁
T7	SGEグループ過程得点・松浦清水グループ過程得点の平均値の変化（第3回体験コース）	122頁
T8	SGEグループ過程得点・松浦清水グループ過程得点の平均値の変化（第4回体験コース）	123頁
T9	SGE個人過程尺度の項目と因子負荷量	132頁
T10	SGE個人過程尺度の因子間の内部相関関係	133頁
T11	SGE個人過程尺度と平山尺度との相関関係（第2回SGE体験コース）	140頁
T12	SGE個人過程尺度と平山尺度との相関関係（第3回SGE体験コース）	141頁
T13	SGE個人過程尺度と平山尺度との相関関係（第4回SGE体験コース）	142頁
T14	SGE個人過程得点・平山個人過程得点の平均値の変化（第2回体験コース）	150頁
T15	SGE個人過程得点・平山個人過程得点の平均値の変化（第3回体験コース）	151頁
T16	SGE個人過程得点・平山個人過程得点の平均値の変化（第4回体験コース）	152頁
T17	Oneness Program（第2回体験コース）	167頁
T18	Weness Program（第3回体験コース）	168頁
T19	I-ness Program（第4回体験コース）	169頁
T20	Y-G下位尺度得点の平均値の変化（ワンネス・第2回体験コース）	176頁
T21	Y-G下位尺度得点の平均値の変化（ウィネス・第3回体験コース）	177頁
T22	Y-G下位尺度得点の平均値の変化（アイネス・第4回体験コース）	178頁
T23	プログラムとY-Gテストの集合因子別得点の平均値の変化	179頁
F1	本研究の構成	98頁
F2	プログラムとY-Gテストの集合因子別得点の平均値の変化	180頁
F3	グループ・アプローチの概念図	212頁

＊T=Table，F=Figureを表す。

■引用文献

Abraham H. M.(1962). *Toward a Psychology of Being.* D. Van Nostrand Company. pp. 42-56.

Alexander, C. (1980). Leader Confrontation and Member Change in Encounter Groups. *Journal of Humanistic Psychology,* 20, 3, 41-56.

Altman, I. (1973). Reciprocity of interpersonal exchange. *Journal for the Theory of Social Behavior,* 3, 249-261.

Altman, I., and Taylor, D. A. (1973). *Social penetration : The development of interpersonal relationships.* New York: Holt, Rinehart & Winston.

Apfelbaum, B., and Apfelbaum, C. (1973). Encountering Encounter Groups: A Reply to Koch and Haigh. *Journal of Humanistic Psychology,* 13, 1, 53-68.

Arbuckle, D. (1973). Koch's Distortions of Encounter Group Theory. *Journal of Humanistic Psychology,* 13, 1, 47-52.

安藤清志・小口孝司・山岡重行（1989）．　自己の表現　大坊郁夫・安藤清志・池田謙一（編）社会心理学パースペクティブ1　誠信書房　pp.161-183.

安藤清志・押見輝男編(2003)．自己の社会心理　誠信書房

Bennett, F. D. (1976). Encounter Groups: Growth or Addiction? *Journal of Humanistic Psychology,* 16, 2, 59-70.

Berzon, B., Reisel, J., and Davis, D. P. (1969). PEER: An Audio-Tape Program for Self-Directed Small Groups. *Journal of Humanistic Psychology,* 9, 1, 71-86.

Bloomberg, L., Bloomberg, P., and Miller, R. L. (1969). The Intensive Group as a Founding Experience. *Journal of Humanistic Psychology,* 9, 1, 93-99.

Blume, F. (1981). The Role of Personal Growth Groups at Johnston College. *Journal of Humanistic Psychology,* 21, 2, 47-62.

Bobby, R. Patton, and Kim Giffin. (1974). *Interpersonal Communication in Action, Basic Text and Readings.* Harper & Row. pp.408-423.

別所靖子・片野智治（2005）．　SGEリーダーのリーダーシップに関する検討2―インストラクションにおける自己開示について―　日本カウンセリング学会第38回大会発表論文集　149-150.

ベルジャーエフ著　氷上英廣訳（1960）．孤独と愛と社会　（ベルジャーエフ著作集4）　白水社

C. ウィリッグ著　上淵寿・大家まゆみ・小松孝至訳（2003）．心理学のための質的研究法入門―創造的な探求に向けて―　培風館　pp.21-44.

引用文献

Cecil G. Osborne (1986). *Self Esteem, Overcoming Inferiority Feelings.* Abingdon Press pp.141-156.
Chaikin, A., Derlega, V. (1974a). *Self-disclosure.* New Jersey : General Leaning Press.
Charles J. Gelso, and Bruce R. Fretz (1992). *Counseling Psychology.* Harcourt Brace Jovanovich College Publisher pp.21, 453-455.
Clayton P. Alderfer (1972). *Existence, Relatedness, and Growth, Human Needs in Organizational Settings.* The Free Press pp.6-29.
D. H. バーロー・M. ハーセン著 高木俊一郎・佐久間徹監訳 (1988). 一事例の実験デザイン―ケーススタディの基本と応用― 二瓶社 pp.1-18.
David W. Johnson, and Frank P. Johnson (1975). *Joining Together, Group Theory and Group Skills.* Prentice-Hall pp.55-86.
David W.J. (1972). *Reaching Out, Interpersonal Effectiveness and Self-actualization.* Prentice-Hall pp.9-42, 159-170.
Don E. Hamachek (1982). *Encounters with others.* Holt, Rinehart and Winston pp. 42-95.
Donald W. Calhoun (1976). *Persons-in-Groups. A Humanistic Social Psychology.* Harper & Row pp.1-20, 377-396.
Donelson R. Forsyth (1983). *Group Dynamics.* Books/Cole Publishing Company pp.109-140, 211-248.
Donelson R. Forsyth (1990). *Group Dynamics.* Brooks/Cole Publishing Company pp.109-140, 450-462.
Ellis, A. (1979). *Is Rational-Emotive Therapy Stoical, Humanistic, or Spiritual? Journal of Humanistic Psychology,* 19, 3, 89-92.
Emily Coleman, and Betty Edwards (1979). *Brief Encounters.* Anchor Press/Doubleday pp.3-19, 64-97, 221-245, 246-270, 271-292, 293-336.
榎本博明 (1983). 対人関係を規定する要因としての自己開示研究, 心理学研究, 26, 148-164.
Foulds, M. L. (1970). Effects of a Personal Growth Group on a Measure of Self-Actualization. *Journal of Humanistic Psychology,* 10, 1, 33-38.
Frank G. Goble (1970). *The Third Force, The Psychology of Abraham Maslow.* Washington Square Press pp.11-22, 59-64.
Frankl, V. E. (1969). *The Will to Meaning.* New American Library (New York).
Friedman, M. (1976). Aiming at the Self: The Paradox of Encounter and the Human Potential Movement. *Journal of Humanistic Psychology,* 16,

引用文献

2, 5-34.
Gaie Houston(1993). Being and *Belonging, Group, Intergroup and Gestalt.* John Wiley & Sons pp. 7, 18, 101-116, 125, 159-172.
Gerald Corey (1981). *Theory and Practice of Group Counseling.* Books/Cole Publishing Company pp.236-290.
Gerard Egan (1970). *Encounter: Group processes for Interpersonal Growth.* Books/Cole Publishing Company pp.190-245.
H.ガントリップ著 小此木啓吾・柏瀬宏隆訳（1981）．対象関係論の展開 誠信書房
Hargie, O., Saunders, C., and Dickson, D.(1994). *Social skills in interpersonal communication.* 3rd ed. London : Routledge.
Hogan, D. B. (1977). Competence as a Facilitator of Personal Growth Groups. *Journal of Humanistic Psychology,* 17, 2, 33-54.
Horne, D. (1974). Response to Tubbs' "Beyond Perls". *Journal of Humanistic Psychology,* 14, 1, 73-76.
橋本登・片野智治（2005）．SGEリーダーのリーダーシップに関する検討1—デモンストレーション法— 日本カウンセリング学会第38回大会発表論文集 147-148.
畠瀬稔（1990）．エンカウンター・グループ・ワークショップの実施と参加者体験の追跡調査，エンカウンター・グループと心理的成長 創元社 pp.83-99.
平山栄治（1993a）．エンカウンター・グループにおける個人過程測定尺度の作成とその検討，心理学研究，63(6)，419-424.
平山栄治（1993b）．参加者の個人過程の展開からみたエンカウンター・グループ発展段階，心理臨床学研究，11(2)，164-173.
平山栄治（1996）．ヒューマニスティックな精神分析，精神分析的なエンカウンター，あるいはただそのままの心理療法家，九州大学心理学臨床研究，15，25-38.
伊藤美奈子（1993）．個人志向性・社会志向性尺度の作成及び信頼性・妥当性の検討，心理学研究，64，115-122.
伊藤美奈子（1995）．個人志向性・社会志向性，PN尺度の作成とその検討，心理臨床学研究，13，39-47.
伊藤美奈子（1997）．個人志向性・社会志向性から見た人格形成に関する一研究 北大路書房
J.H.ヴァン・デン・ベルグ著 早坂泰次郎訳（1980）．引き裂かれた人間 引き裂く社会 勁草書房
James C. Hansen, Richard W. Warner, and Elsie M. Smith (1976). *Group Counseling: Theory & Process.* Rand McNally College Publishing Company 76-127, 128-185.

Jay, M., Diamond, & Jerrold and Shapiro, L.(1975). Method and Paradigm in Encounter Group Research. *Journal of Humanistic Psychology*, 15, 2, 59-70.

John O. Stevens (1971). *Awareness : exploring experimenting experiencing.* Real People Press pp.5-58, 127-136.

Jourard, S. M. (1971). *The transparent self.* New York: Litton Educational Publishing.（岡堂哲雄訳（1974）．透明なる自己　誠信書房）

Jourard, S. M., and Jaffe, P. E. (1970). Influence of an interviewer's disclosure on the self-disclosing behavior of interviewee. *Journal of Counseling Psychology,* 17, 252-257.

Jourard, S. M., and Resnick, J. L. (1970). The effect of high revealing subjects on the self-disclosure of low-revealing subjects. *Journal of Humanistic Psychology,* 10, 84-93.

Kahn, M., Kroeber, T. C. and Kingsbury, S.(1974). The I Ching as a Model for a Personal Growth Workshop. *Journal of Humanistic Psychology,* 14, 3, 39-52.

Kegan, D. (1975). Paperback Images of Encounter. *Journal of Humanistic Psychology,* 15, 3, 31-38.

Kiesler, S. B.(1973). Emotion in Groups. *Journal of Humanistic Psychology,* 13, 3, 19-32.

カール・ロジャース著　平木典子訳・巌谷平三台詞（1977）．出会いへの道―あるエンカウンター・グループの記録，日本精神技術研究所

片野智治（1985）．高校生における創造性と学業成績・人間関係との関係に関する一研究，カウンセリング研究紀要，上智大学カウンセリング研究所，9・10，46-57.

片野智治（1985）．高校生における創造性と人間関係・性格との関係，教育心理，日本文化科学社，10,54-60.

片野智治（1988）．潜在的問題傾向と学業成績・人間関係，教育心理，日本文化科学社，12,46-51.

片野智治・吉田隆江（1989）．大学生の構成的エンカウンター・グループにおける人間関係プロセスに関する一研究，カウンセリング研究，21(2)，42-52.

片野智治（1990）．高校生における「充実感」・「人間関係」両尺度の妥当性の検討，カウンセリング研究，23(2)，79-90.

片野智治（1992）．充実感を高める構成的グループ・エンカウンター　國分康孝（編集）構成的グループ・エンカウンター　誠信書房 pp.178-192.

片野智治・吉田隆江・中山明（1993）．ふれあいセミナーのグループ・プロセスに

引用文献

　　　関する研究　日本カウンセリング学会第26回大会発表論文集　141-142.
片野智治・堀洋道（1994a）．構成的グループ・エンカウンターと自己記述の変化，教育相談研究，30, 30-42.
片野智治・堀洋道（1994b）．構成的グループ・エンカウンターと自己認知の変化：エクササイズ・リーダーの介入行動との関連，教育相談研究，32, 29-43.
片野智治（1994c）．構成的エンカウンター・グループ参加者の体験的事実の検討，カウンセリング研究，27, 27-36.
片野智治（1995）．構成的エンカウンター・グループ参加者の体験的事実の検討，日本教育相談研究会研究紀要，13, 33-49.
片野智治（1998）．構成的グループエンカウンターにおける抵抗の検討：抵抗とリーダーの介入行動との関係　日本カウンセリング学会第31回大会発表論文集 200-201.
片野智治・國分康孝（1999）．構成的グループエンカウンターにおける抵抗の検討，カウンセリング研究，32, 14-23.
片野智治・吉田隆江・田島聡・加勇田修士（2002）．SGE全体シェアリングのプロセス研究その1：かかわり発言数の変化　日本カウンセリング学会第35回大会発表論文集　220.
片野智治（2003）．構成的グループ・エンカウンター　駿河台出版
狩野素朗・田崎敏昭（1990）．学級集団理解の社会心理学　ナカニシヤ出版　pp.70-93.
木村周（1997）．キャリア・カウンセリング　雇用問題研究会　pp.95-107.
木村周（2003）．キャリア・カウンセリング改定新版　雇用問題研究会　pp.266-300.
児島洋（1968）．実存と他者―現代人間学研究　勁草書房
國分康孝・菅沼憲治（1979）．大学生の人間関係開発のプログラムとその効果に関するパイロット・スタディ，相談学研究，12(2), 74-84.
國分康孝（1981）．エンカウンター　誠信書房
國分康孝・西昭夫・村瀬旻・菅沼憲治・國分久子（1987）．大学生の人間関係開発のプログラムに関する男女の比較研究，相談学研究，19(2), 71-83
國分康孝編（1992）．構成的グループ・エンカウンター　誠信書房
國分康孝（1998）．カウンセリング心理学入門　PHP新書
國分康孝（1999）．カウンセリングの原理　誠信書房
國分康孝編（2000）．続・構成的グループエンカウンター　誠信書房
國分康孝（2001）．臨床心理学とカウンセリング心理学，東京成徳大学臨床心理学研究創刊号，64-72.
國分康孝・片野智治（2001）．構成的グループ・エンカウンターの原理と進め方：リーダーのための入門ガイド　誠信書房

國分康孝・國分久子総編集　片野智治編集代表（2004）．構成的グループエンカウンター事典　図書文化社
Leonard Berkowitz (1978). *Group Processes*. Academic Press pp. 115-152.
リースマン著　加藤秀俊訳（1964）　孤独な群衆　みすず書房
Morton Kissen (1976). *From Group Dynamics to Group Psychoanalysis*. A Halsted Press Book pp.145-168.
Moustakas, C.E. (1962). Confrontation and encounter. *Journal existential Psychiatry,* 2(7), 263-290.
Moustakas, C.E. (1995). *Being-in, Being-for, Being-with.* Jason Aronson INC pp.67-88.
ムスターカス，C．編著　國分康孝・北見芳雄監訳（1980）．思春期の実存的危機　岩崎学術出版
ムスターカス，C．著　國分康孝・國分久子訳（1992）．人間存在の心理療法　誠信書房
松尾直博（2000）．社会的不適応児に対する支援　堀野緑・濱口佳和・宮下一博（編）　子どものパーソナリティと社会性の発達　北大路書房　pp.216-227.
松尾陽子・松澤秀則・國分久子・國分康孝（1993）．大学生の人間関係開発のプログラムに関する研究その48：構成的グループエンカウンターの参加動機とグループ体験プロセスとの関連　日本カウンセリング学会第26回大会発表論文集　137-138.
松島るみ（2004）．青年期における自己開示を規定する要因の検討　風間書房
マーティン・シェパード&マジョリー・リー著　石川弘義訳（1973）．裸の十六時間　リーダーズ・ダイジェスト社
マルティン・ブーバー著　植田重雄訳（1979）．我と汝・対話　岩波書店
村山正治（2005）．ロジャースをめぐって　金剛出版　pp.199-206, 234-240.
諸井克英・中村雅彦・和田実（1999）．親しさが伝わるコミュニケーション　金子書房
森美保子（2002）．自己開示抵抗感のある学生に対する想定書簡法の効果―構成的グループ・エンカウンターと比較して―，カウンセリング研究，35, 20-29.
村山正治編（1993）．エンカウンター・グループとコミュニティ　ナカニシヤ出版
村瀬旻・國分久子・西昭夫・菅沼憲治・國分康孝（1988）．大学生の人間関係開発のプログラムとしての構成的グループ・エンカウンターにおける知り合いのひろがりについて，カウンセリング研究，21, 14-28.
武蔵由佳・河村茂雄（2003）．大学生における親和動機の下位動機の階層性の検討―発達を促進するための構成的グループ・エンカウンターを活用した援助のあり方―，カウンセリング研究，36, 10-19.

引用文献

武蔵由佳・河村茂雄（2003）．日本におけるエンカウンター・グループ研究とその課題—Basic Encounter Group と Structured Group Encounter の比較から—，カウンセリング研究, 36, 282-292.

中田行重（1993）．エンカウンター・グループのファミリテーションについての一考察，心理臨床学研究, 10(3), 53-64.

中田行重（1996）．エンカウンター・グループにおけるセッション外体験の意義，人間性心理学研究, 14(1), 39-49.

中村和夫（1998）．ヴィゴーツキーの発達論　東京大学出版会　pp.3-6.

中村雅彦（1984）．自己開示の対人魅力に及ぼす効果，心理学研究, 55, 131-137.

中村雅彦（1986b）．自己開示の対人魅力に及ぼす効果(3)—開示内容次元と魅力判断次元の関連性に関する検討—，心理学研究, 57, 13-19.

中村陽吉（1990）．「自己過程」の社会心理学　東京大学出版会

中山明・片野智治・吉田隆江（1993）．「不安」に対する構成的エンカウンターの効果について　日本カウンセリング学会第26回大会発表論文集　143-144.

並木博（2003）．個性と教育環境の交互作用　培風館

日本カウンセリング学会定義委員会（2004）．カウンセリングとは何か，日本カウンセリング学会会報, 73, 2.

日本カウンセリング学会理事会（1997）．日本カウンセリング学会とは何か：創立30周年に寄せて　日本カウンセリング学会会報　1-7.

野島一彦（1985）．構成的エンカウンター・グループにおける High Learner と Low Learner の事例研究，人間性心理学研究, 3, 58-70.

野島一彦（1989）．構成的エンカウンター・グループと非構成的エンカウンター・グループにおけるファシリテーター体験の比較，心理臨床学研究, 6(2), 40-49.

野島一彦・坂中正義（2004）．わが国の「集中的グループ経験」と「集団精神療法」に関する文献リスト（2003），九州大学心理臨床研究, 23, 131-143.

O.カンバーグ著　前田重治監訳（1983）．対象関係論とその臨床　岩崎学術出版社

大塚義孝・岡堂哲雄・東山紘久・下山晴彦監修　大塚義孝編（2005）．臨床心理学原論　誠信書房

岡安孝弘・嶋田洋徳・坂野雄二（1992）．中学生用ストレス反応尺度の作成の試み，早稲田大学人間科学研究, 5, 23-29.

Paul, L. (1973). Some Ethical Principles for Facilitators. *Journal of Humanistic Psychology*, 13, 1, 43-46.

Ray Woolfe, and Windy Dryden (1996). *Handbook of Counselling Psychology*. SAGE Publications pp.442-459.

リチャード・ホーフスタッター著　田村哲夫訳（2003）．アメリカの反知性主義　みすず書房

引用文献

Rickey L. George, and Dick Dustin (1988). *Group Counseling, Theory and Practice*. Prentice-Hall pp.8-15, 23-32, 37-45, 50-63, 71-80.

Rollo May (1983). *The Discovery of Being.* W.W Norton Company pp.117-125.

Rowan Bayne, Ian Horton, and Jenny Bimrose (1996). *New Directions in Counselling.* Routledge pp.16-24.

Rowan, J. (1975). Encounter Group Research: No Joy? *Journal of Humanistic Psychology*, 15, 2, 19-28.

Rubin, Z. (1975). Disclosing oneself to a stranger. *Journal of Experimental Social Psychology*, 11, 233-260.

Rupert Brown (1988). *Group Processes, Dynamics within and between Groups.* Basil Blackwell pp.1-18, 51-89, 192-220.

ロジャース, C. R. 畠瀬稔・畠瀬直子訳 (1973). エンカウンター・グループ―人間信頼の原点を求めて ダイヤモンド社 (Rogers,C.R. (1970). Carl Rogers on Encounter Groups New York Harper and Row.)

Samuel T. Gladding (1988). *Counseling, A comprehensive Profession*. Merrill pp.290-291, 436-458.

Schutz, W. (1958). FIRO : *A Three-Dimensional Theory of Interpersonal Behavior.* New York: Holt, Rinehart, & Winston.

Schutz, W. (1967). *Joy: Expanding Human-Awareness.* New York: Grove Press.

Schutz, W. (1971). *Here Comes Everybody.* New York: Harper & Row.

Schutz, W. (1975). Not Encounter and Certainly Not Facts. *Journal of Humanistic Psychology*, 15, 2, 7-18.

Smith, P. B. (1975). Are There Adverse Effects of Training? *Journal of Humanistic Psychology*, 15, 2, 29-48.

Stanton, H. (1976). Microteaching and the Experiential Group. *Journal of Humanistic Psychology*, 16, 1, 67-74.

坂中正義 (1994). エンカウンター・グループ発言カテゴリー作成とその検討，人間性心理学研究，12(1)，46-61.

清水安夫・児玉隆治 (2001). エンカウンター・グループを応用した授業形態による大学生のメンタルヘルス促進の効果，学校メンタルヘルス，4，65-71.

菅沼憲治・國分康孝 (1979). 大学生の人間関係開発のプログラムに関する研究その8：リーダーの熟練度とプログラム効果との関係 日本教育心理学会第21回総会発表論集 924-925.

杉原一昭 (1992). 今子どもが壊されている 立風書房 pp.23-66.

引用文献

杉原一昭（2000）．なぜ子どもがキレるのか　立風書房　pp.15-38, 71-102.

杉原一昭（2001）．親の養育態度と新しい類型論　新井邦二郎・桜井茂男・大川一郎（編集）　発達臨床心理学の最前線　教育出版　pp.55-62.

鈴木慶子・鍋田恭孝・塩崎尚美（2002）．バウムテストからみた構成的エンカウンター・グループの効果—グループワーク前後のバウムテストの分析を通して—，心理臨床学研究, 20(4), 384-393.

Taylor, D. A. (1968). The development of interpersonal relationships: Social penetration processes. *Journal of Social Psychology,* 75, 79-90.

Thomas, H. F. (1964). Self-Actualization through the Group Experience. *Journal of Humanistic Psychology,* 6, 1, 39-44.

高田ゆり子・坂田由美子（1997）．保健婦学生の自己概念に構成的グループ・エンカウンターが及ぼす効果の研究，カウンセリング研究, 30, 1-10.

田島聡・加勇田修士・吉田隆江・朝日朋子・岡田弘・片野智治（2001）．SGE体験コースが参加者のセルフ・エスティームに及ぼす効果の研究　日本カウンセリング学会第34回大会発表論文集　190-191.

田島聡・吉田隆江・冨田久枝・加勇田修士（2002）．SGE全体シェアリングのプロセス研究その2：発言回数とセルフ・エスティームの変化日本カウンセリング学会第35回大会発表論文集　221.

田島聡・吉田隆江・片野智治（2003）．SGEにおける信頼感の形成過程に関する研究　日本カウンセリング学会第36回大会発表論文集　97.

辻平治郎（1993）．自己意識と他者意識　北大路書房

辻岡美延（1979）．新性格検査法　日本・心理テスト研究所

ウヴェ・フリック著　小田博志・山本則子・春日常・宮地尚子訳（2002）．質的研究入門—＜人間の科学＞のための方法論　春秋社　pp.3-20.

W. J. レイ著　岡田圭二訳（2003）．エンサイクロペディア—心理学研究方法論—　北大路書房　pp.211-226.

W. T. アンダーソン著　伊東博訳（1998）．エスリンとアメリカの覚醒—人間の可能性への挑戦—　誠信書房

八木俊夫（1987）．YG性格検査—YGテストの実務応用的診断法—　日本心理技術研究所　pp.1-36.

吉田隆江・田島聡・冨田久枝・加勇田修士（2002）．SGE全体シェアリングのプロセス研究その3：感情表明のある発言数の変化とセルフ・エスティーム　日本カウンセリング学会第35回大会発表論文集　222.

吉田隆江・片野智治（2005）．SGEリーダーのリーダーシップに関する検討3—SGEリーダーの介入について—　日本カウンセリング学会第38回大会発表論文集　151-152.

資料：ウィネス・プログラムのインストラクション

I オリエンテーション

オリエンテーションとは，作業同盟のことである。SGEの目的・方法・ルール・留意点などを説明して，参加メンバーとスタッフとの間で了解しあう。

1 目 的
他の人とひたすらふれあうことと，自分に向きあうことに尽きる。お互いのかけがえのなさの発見につとめること。

2 方 法
リーダーの提示するエクササイズ（EX）に取り組む。國分エンカウンターの特色は，次の4点を行うことにある。
- リチュアル
- ペンネーム
- 全体シェアリング
- 役割遂行

また，文化的孤島を設定する。既成の価値観や行動様式にとらわれず，ここでは「人の人権を侵さないかぎり，したいようにしていい」という文化を許容する。

3 留意点・ルール
① 守秘義務
エンカウンターとは「自分のことを話す」という自己開示に尽きる。個人のかなり深い部分が話される。それをこの会場の外に出さない。酒の肴や井戸端会議のネタには絶対にしない。
② 外界との遮断
携帯電話の電源を切る。テレビ・ラジオ・新聞などを見ない・聞かない・読まない。ただし，家に介助・介護を必要とする家族がいる場合は，この限りではない。その場合は，リーダーに申し出ること。相談して適切に処置したい。
③ 集合は時間厳守とする。
④ ペアリングを避ける。特定の仲の良い人のみとの行動をしない。メンバー全員

資　料

とふれあう。

4　役割遂行
次の二つの目的がある。
① 役割を通して，メンバー同士がふれあう。
② 役割を通して，隠れた（新たな）自分に気づく。
例：ユーモアは保護者との懇談会などの雑談が苦手だった。あるとき，メンバーでサービス係をして，ほかのメンバーから喜ばれた。「ええかっこしいはやめよう」「自分にもこんなことができるんだ」と，新たな自分の側面に気づいた。

5　役割任命
① 受付係…すでに受付は終わっているが，その後も，ほかの役割の手伝いをする。
② 点呼係…セッションの前に，その場の雰囲気に合わせて（エンカウンターらしいやり方で），2分以内で点呼をとる。
③ スナック係…休憩時のポットのお湯・茶菓子の準備や補給を行う。
④ 学習環境係…教材の準備・配布・椅子の移動，空調の調整を行う。
⑤ 保健係…具合の悪いメンバーは保健係に告げ，保健係がリーダーと連絡し，相談して適切に処置する。またセッションの合間に，3分以内で健康保持の講話・ストレッチを可能な範囲で計画する。メンバーの様子を見て，保健係がリーダーに連絡した場合は，そのような場を設ける。
⑥ 食事係…昼食・夕食時の湯茶の準備やサービスを行う。スーパーバイザー（國分康孝先生・國分久子先生）とのエンカウンターも計画する。
⑦ サービス係…スーパーバイザーや，ほかのスタッフへのサービスを行う。
⑧ コンパ係…ワインカウンセリングを仕切る。酒食を介したエンカウンターが達成できるように企画・運営を行う。
⑨ 音楽係…エクササイズ中，休憩中，気分を変えたいときなど，その場の雰囲気に合ったBGMを流す。EXに必要なときはリーダーから指示する。

6　アンケート依頼
「このSGEワークショップをよいものにしたい。実証的な側面から効果を証明したい」という目的から，アンケートへの記入を参加者に求める。
例：目標の設定・達成に関するもの。
　　SGEグループの過程＆SGE個人過程に関するもの。
　　SGEセルフ・エスティームに関するもの。

資　料

II　エクササイズ

　リーダーのインストラクションの本定番は，平成17年1月7日〜9日に行われた2泊3日のワークショップ（リーダー片野智治，サブ・リーダー吉田隆江）の橋本登の記録に依拠している。改めてここに橋本登氏に謝意を表したい。

《第1日目》

1-1　●ペンネームづくり

ねらい：おそまきながら，自分に自分で名前をつける。名前には，親や命名者の期待が込められている。しかしここでは，人の期待に沿うためではなく，自分が自分らしく生きるためにペンネームをつける。

＜補足＞私たちがこの世に生まれたときに，自分の意思ではいかんともしがたいことが二つあった。この世に生まれ出るということ。もう一つは命名であった。さらに補足すると，こうなる。SGEには実存主義が背景にある。実存主義のエッセンスは"Being is choosing"すなわち「生きることは自己決断すること（他人の人権を侵さないかぎり，したいようにしろ）」である。自分の意思で，この人生を生きることである。

方　法：素（地）の自分，「あるがままの自分」（actual self）が出せるような名がよい。「こうありたい自分」でもよい。記入後リーダーの指示で首にかける（用紙を見て3回つぶやき，言い聞かせてから首にかける）。

留意点：自分自身に期待を込めて，ペンネームをつける。

1-2　●フリーウォーク

ねらい：ホンネとホンネの交流をするためには，他人の人権を侵さないかぎり，迷惑をかけないかぎりにおいて，したいようにすることである。自分の意思で歩きたいように歩くところに，このエクササイズのねらいがある。

方　法：声を出さずに，1分間自由に歩き回る。

- ペンネームの展覧会：ほかのメンバーのペンネームを見ながら，自由歩行をする。握手をしながらペンネームで自己紹介する。相手の目線を取る。ふれあっていくために，握手で好意の念を知らせるための適度のグリップが必要。
- 質問："good feeling" or "bad feeling"を挙手で確認する。

留意点：恥ずかしい人・照れくさい人・奇妙な感じのする人は，それらの感情に浸る。

＊**二人一組〜近くのメンバーと二人組みになる。適度な間隔を取って座る。**

資　料

1-3　●インタビュー

ねらい：パートナーを知る。質問に好意の念をのせる。
方　法：聞き手（インタビューする人）と話し手（インタビューされる人）を決める。聞き手は「パートナー」に関する質問をあれこれする。話し手は，聞かれたことにだけ答える。枝葉をつけない。答えたくなければ，ウソを言わないで，「今は答えたくない」と言う。答えられない，答えたくない，答えると支障がある場合は「パスしたい」と伝える。「遠慮せず，聴き過ぎず」。
留意点：相手から遠くなる質問は続けない。順番はジャンケンなどで決めない。実存主義の思想が後ろにあるので，自分の意志で決めるようにする。

1-4　●ペンネームの由来を語る

ねらい：相手について知る。
方　法：二人で１分30秒，自分のペンネームの由来を相手に伝える。
留意点：ペンネームをつけた理由だけでなく，その思いも語る。

1-5　●夢・願望を語る

ねらい：みずからを開示する。
方　法：自分の夢・願望について，１分でできるだけ多くのことを伝える。
留意点：一つのことをくどくど語らず，思い浮かんだことを取捨選択せずに口にする。聞き手は，あれこれ質問せずに聞く。

1-6　●印象を語る

ねらい：自分が相手から「どんなふうに見られているか」を知る。「どんなふうに見られているか」を知っていると動きやすくなる。感情交流がしやすくなる。勇気を出して伝える。
方　法：相手から受ける印象について語りあう。二人で１分をつかう。

1-7　●シェアリング

「フリーウォーク」から「印象を語る」までのエクササイズをやってみて，「感じたこと，気づいたこと」を分かちあう。意識して感情を伝える。言い放しにしない。ただ話さない。

―休憩：15分―

資料

1-8 ●肩たたき・肩もみ

ねらい：「甘える」「甘えられる」を体験する。
方　法：前セッションの二人組みで，片方がパートナーの肩をたたいたり，もんだりする。される方はいろいろ要求を出す。「もっと強く」「もうちょっと上の方」など。
留意点：いつも独立独歩で「甘える」ことをしない人を，俗に「可愛い気のない」人という。思い切り甘えてみよう。
　　スキンシップを伴うので，パスしたい人は正直に言う。相手がパスを表明した場合，パートナーは EX ができないわけだが，「人生とはこういうものである」とあきらめる。パスしたい人も罪障感をもつ必要はない。合わせる必要はない。

1-9 ●他者紹介

ねらい：パートナーは「こんなにいい人なんだ」と思いを込めて紹介する。四人の新しい関係をつくることがねらいである。義理で紹介されるのとでは雲泥の差がある。
方　法：二つの組みが合わさって四人組みをつくる。一人1分で自分のパートナーを他の二人に紹介する。
留意点：これまでのエクササイズを通してわかったことをもとに紹介する。順番でやらない。「したい人」「してみたい人」からする。やりたい人からやる。この積極性・自発性を大事にしたい。

1-10 ●これまでの人生で影響を受けた出来事または人物を語る

ねらい：①仲間の人生（生き様）にふれる。②人生は一回きり。「他人様」を聴くことで，「自己」を聴く機会にしたい。
方　法：一人2分ずつ具体的に語る。
留意点：人の人生を聞かせてもらうので，茶化したり笑ったりしない。時間が余っているようなら，「もう少し聞かせて」と問いかける。

1-11 ●シェアリング

　「これまでの人生で影響を受けた出来事または人物」をしてみて，感じたこと・気づいたことを語る。エクササイズの続きをしない。一方，シェアリング中に新たな感情が起きてきたら，合わせてそれも表出したい。語りたい人から語る。

1-12 ●二人で立ち上がろう

ねらい：コラボレーション・共同を体験する。

資　料

方　法：四人組みの中で，インタビューのときのペアと替えて二人組みをつくる。フロアーに尻をついて，両足を伸ばす。二人一組で対面し，手をつなぐ。呼吸を合わせて一気に同時に立ち上がる。
留意点：（相手の動きを察知しながら）FC・子ども心・天真爛漫さを丸出しにする。タイミングと力の量を勘察する。

1-13　●トラスト・ウォーク

ねらい：信頼体験（頼る頼られる体験，ゆだねるゆだねられる体験）。
方　法：二人組みで，目を閉じて誘導する役と誘導される役に分かれる。非言語でフロアーを2分間歩き回る。
留意点：視覚障害体験のエクササイズではない。目を閉じているパートナーをもう一方の人が精一杯やさしみの感情を込めて誘導する。

＜開始時のリーダーの誘導＞

・誘導される人へ：「目を閉じている人。あなたはパートナーに甘えることになり，自分を任せることになります。相手に頼ることになります。そのあなたが2分間で，どんな自分になっていくか，そこを意識してください」
・誘導する人へ：「あなたは目を閉じているパートナーから頼られています。任せられています。そんなあなたが2分間で，どんな自分になるのか，そこを意識してください」

1-14　●シェアリング（二人組み：6分）

トピックは二つ。トラスト・ウォークをしてみて，①「任せられた自分」，または「任せられなかった自分」を語る。②誘導していて，どんな自分になっていたかを語る。誘導法について，多く話さないようにしたい。

付記「シェアリングの目的」
① エクササイズを試みて，感じたこと・気づいたことを語りあい，分かちあう。エクササイズの続きをしない。
② 同じエクササイズを体験しても，感じたこと・気づいたことの個人差を確認する。認知の修正・認知の拡大が起きる。自己発見・自己洞察のきっかけになる。

1-15　●簡易内観

ねらい：人生における「感謝の念」を体験する。実存主義では「世界内存在」という。内観は，浄土真宗の「身調べ」から出ている。「身調べ」とは「自分の中身を調べる」という意味。それを吉本伊信先生が「自己を見つめる」療法として，完成した。本来の内観は一週間，内観道場に宿泊して，ひたすら特定の人に対して「してもらったこと・して返したこと・迷惑をかけたこと」を考えていく（集

中内観）。ここでは，エッセンスだけを限られた時間の中で体験する。
方　法：次の手順で行う。
- 幼少期の頃が望ましいが，もしくは中学・高校・大学のときなどで，自分にとって大切な人を思い浮かべる。その人に「してもらったこと・して返したこと・迷惑をかけたこと」を思い出す。
- グループで開示する。語れる範囲で語る。一人3分。語りたい人から語る。

留意点：「自己露呈」に近い開示内容になっていく。知り合いや大切な人が直前に亡くなっている人は，EXを避けてほしい。

<デモンストレーション>
● ユーモア…母について話します。私は五人兄弟の末っ子で，母が四十歳過ぎてから生まれました。母は三番目の兄の出産のとき産後の肥立ちが悪く，喘息を患い病院通いとなりました。

　高校三年の十月，担任が進路の三者面談を計画しました。病弱な母に東京のど真ん中の渋谷にある高校に，1時間半もかけて来てもらうのは忍びなかった。しかし，これが最初で最後の三者面談になると思ったので，来てもらうことにしました。病弱な母が遠路来てくれたのはうれしかった。私は母を渋谷駅まで迎えに行き，手を引いて高校まで行きました。

　冬になると，母は深夜毎晩のように喘息が出ました。咳き込むと5分～7分止まらない。私はお湯に砂糖を入れて砂糖湯を作っていました。それを母が亡くなるまでずっと続けていました。

　逝く二日前の夜，クラブ指導を終えて病院にもどったとき，母は一時的に意識がもどったせいか，ベッドに端座していました。少女のような顔でニコニコしていました。私はその笑顔が好きですね。

● ギブ…私にとって父は遠い存在でした。東京都庁の役人で，プライドが高い人だった。ほかの人にとっては親しみやすい人でしたが，私にとっては遠い存在でした。プライドの高い父が，私のために頭を下げてくれました。私は三十歳で離婚しました。私が離婚を申し出たら，父に殴られました。しかし私の気持ちをわかってくれて，相手の家に行って頭を下げてくれました。「して返したこと」は「ありません」。父は五年前他界しました。そのときに看病することができました。それと図書文化社刊の『エンカウンターとは何か』に，父への感謝の念を記すことができたことです。迷惑をかけたことは，離婚の際，プライドの高い父に頭を下げさせてしまったことです。

1-16　●シェアリング（10分）

簡易内観をして，「感じたこと」を中心に分かちあう。エクササイズの続きをすることは避けたいが，新たな感情湧出をおさえない。

資　料

《第 2 日目》

●リチュアル

●全体シェアリング 2

ねらい：認知（見方・受け止め方・考え方）の修正・拡大である。
方　法：シェアリングに 1 セッションをあてる。ここではエクササイズをしない。
「みなさんが自宅を出たときは，どんな気持ちでしたか。こちらに来て受付をしました。ここへ来てからは，いろいろなエクササイズに取り組みました。そこで現時点までの間で『感じたこと気づいたこと』を自由に話してください。」

留意点
- 発言者はまずペンネームを言う。言いたいこと・結論から先に言う。
- 「かかわり発言（involving-self disclosure）」を促す。
- 必要に応じて介入する。
- 集団の中で起きた問題は集団で解決する。
- 公共性のある問題は取りあげ，介入する。

2-1　●共同描画

ねらい：①今この瞬間の自分の気持ちを見つめ，表現する。②自分のホンネを表現しながらも，他者のホンネを受けいれる（共有する）。
方　法：20 分で模造紙一枚に，メンバーそれぞれが「今ここで」の気持ちを思い思いに表現する。ノンバーバルと英語によるコミュニケーションは OK。ブロークンな英語の使用は，学歴・教養を落とすのに効果的である。
- 話し合い：トピックは二つ。①「あなたはどんな気持ちを絵に表現したかったか」，②「あなたは描いているとき，どんな気持ち『感情』だったか」を語りあう。(10 分)
- 発表：グループの代表が自分たちの「共同描画」について発表する。

留意点：合わせようとするな，ホンネを表現しろ！　他者のホンネも受け入れよ。

2-2　●シェアリング（7 分）

「共同描画」を体験して「感じたこと・気づいたこと」を分かちあう。

2-3　●新聞紙の使いみち

ねらい：非言語（身振り・手振り）でアイディアを伝え，受け取る体験。

方　法：次の手順で行う。
- 六人組みで 5 分間。記録係を一名決める。メンバーの一人が新聞紙の様々な利用法を考えて，みんなの前に出て身振り・手振り（非言語）で伝える。理解したメンバーは OK サインを送る。六人中四人（七人中五人）がわかったら OK。思いついたメンバーが順次行う。
- 記録係は，メンバーのジェスチャーを読みとって，ペンネーム用紙の裏にリストアップしていく。
- グループごとに使い道を発表しあう。

留意点：子ども心を丸出しでいこう。

2-4 ●背中合わせ

ねらい：甘える・甘えられる。瞬間的なスキンシップ以上のものを体験する。
方　法：二人組みで，背中合わせになり足を前に出して座る。もたれかかる。1 分 30 秒間相手の背中から伝わってくる「ぬくもり」「感情」を感じ取る。
留意点：「ぬくもり」から人の気持ちの温かさを感じる。最初から最後まで甘える。全身脱力して相手にもたれかかる。身体接触を伴うエクササイズであるから，パスを許容する。

2-5 ●シェアリング（2 分）

「どんな気持ちだったか」を分かちあう。

2-6 ●トラスト・フォール（信頼の後倒）

ねらい：相手に身を任せる，ゆだねるという信頼体験。
方　法：二人組み。後倒する人の後ろに支える人が立つ。後倒する人は軽く目を閉じ，肩の力を抜く，かかとをつける。
留意点：・15〜20 度以上倒さない。・デモを参考にしてすすめる。・パスしたい人は申し出る。体格の違いはスタッフがカバーする。
- 一番してはいけないことは，支える側が揺らぐこと。信頼ができなくなる。
- 肩を叩いて準備 OK の合図を送る。最初は低角度で受け止め，徐々に角度を増す。
- ペンネームをはずす。脱靴。深く倒して支えることが目的ではない。危険性も考慮する。

2-7 ●シェアリング（3 分）

「自分を任せられたか，ゆだねられたか」を分かちあう。

2-8　●トラスト・ウォール

ねらい：わが身を他者に任せ切る，頼り切るという信頼体験。
方　法：八〜九人組み。一人が円の中心に立つ。目を閉じ，両手を胸の前でクロスする。1分間くらい。壁のメンバーの手の送りに身を任せる。
留意点：円を作っているメンバーは，中心に立ったメンバーが身を任せ切るように倒れこんでくるので，それをしっかり支えて，受けとめて（一呼吸）手送りする。
・ペンネームをはずす。円の中心に立つ人は軽く目を閉じたら脱力する。かかとをそろえる。
・円の中心に立つ人が女性の場合，正面の受け手（支える人）は女性になる。
・EX に取り組んでいる間は言葉を発しない。

2-9　●シェアリング（12分）

　トラスト・ウォールを体験してみて，任せ切っているときの気持ち，もしくはゆだね切れなかったときの気持ちをシェアリングする。グループごとの代表発表：1分30秒

付記「よいシェアリングの条件」
①　メンバーに発言の機会が平等にある。
②　脱線をしない。
③　メンバー同士が引き出す。
④　感情表現。

＜次の EX へのリーダーの誘導＞
「突然ですけど，私が二十数年前に SGE を体験したとき，強い抵抗を感じたエクササイズが二つあって，その一つがこのアニマル・プレイでした。ライオンをイメージしてフロアを四つ足で歩き始めたとき，15秒（〜30秒）と，もちませんでした。全身に鳥肌が立って，早くやめたくてやめたくて仕方がありませんでした。以来，このエクササイズを昨年までしませんでした。自己分析のまとまりがついて，今はしています。」

2-10　●アニマル・プレイ

ねらい：①動物を介して感情（怒り・優しみ）を表出する。②ボディ・コンタクトを通して仲間というもの（Weness）を体験する。
方　法：①六人グループで，恥や外聞を捨てて，なりたい動物になりきって感情表出をする。②リーダーの次の合図でお互い出会ったら「怒りの声をあげる」，「優しみの声をあげる」（ややライトダウン）。③その後夜になる。仲間とボディ・コ

ンタクトして横たわる（薄暗くする）。このとき照明を消されて，英詩を朗読される。

Now, the night has come. Peaceful night. We are all Friends. We are all united together. We are all friends.

「目を軽く開けていきましょう。ゆっくりと起き上がりましょう。」ライトアップする。

留意点：FC（自由な子ども心）丸出しにして取り組んでみる。「案ずるより産むがやすし」「虎穴に入らずんば虎子を得ず」である。パスしたい人はパスしたいと伝える。できるところまでしてみるのも良い。

2-11　●シェアリング（15分）

「アニマル・プレイ」をしてみて「感じたこと・気づいたこと」を分かちあう。グループの代表による発表。

2-12　●國分流マッサージ

ねらい：可愛げのない人間を可愛げのある人間にする。

「可愛げがない」とは，相手の好意を受け入れられない人のことを言う。テンダーネス・タブーを打破して，男らしさ（激しさ）・女らしさ（優しみ）を自由に出し入れできるようになる。このようなフィーリングは学習の結果である。感情の表明にも訓練が必要である。

方　法：二人組みでマッサージしあう。首→手のひら・腕→顔面→脹脛→背骨の両側→尻→太もも・脹脛→足の平。

留意点：ペアは同性同士で二人組みになる。

コ　ツ：相手の好意を心から受け入れる。

2-13　●みじめな体験を語る・誇らしかった体験を語る

ねらい：無条件の積極的関心（好意の念）を体験する。

方　法：五人で輪になり，最初は「みじめだった体験」をメンバーに語る（2分）。次に，「誇らしかった体験」を語る（2分）。

留意点：①「言葉尻をつかむな，感情をつかめ」。②「行動だけを見るな，ビリーフをつかめ」。

＜デモンストレーション＞

●ユーモア（みじめだった体験）：職場を移したその年の十一月，生まれて初めて，顛末書を書かされた。入試の面接官は二人で行った。その打ち合わせの時刻（九時二十分）に間に合わなかった。管理者は，「顛末書を今すぐ書いてこい」と，語気強く。彼は試験官が約四十人集まっているところにいた。そこで渡さねばな

資　料

らなかった。このとき「私は望まれてここへ（この職場へ）移ってきたのではなかったのか」，という思いが吹き飛んだ。途端に私はみじめになった。
- ギブ（誇らしかった体験）：入院体験です。埼玉のメンバーが入れ替わり立ち替わりお見舞いに来てくれて，私を支えてくれた。かなり昔の卒業生や同僚も多く，何回もお見舞いに来てくれた。看護士さんたちに「あなたは何をやっている人なの？」と聞かれるくらい。大勢の人が来てくれた。約二十余年の人生で得られた仲間の支えが誇らしかった。

2-14 ●シェアリング

2-15 ●私はあなたが好きです。なぜならば……。

ねらい：「好き感情」の交流。
方　法：五人一組にして，扇形を作る。要の所に位置する一人に対して，残りの四人が順次「私は○○（ペンネーム）が好きです。なぜならば……だからです」と伝える。四人は順番ではなく，してみよう・してみたい人から行う。
「私はあなたが好きです。なぜならば……。」のフレーズを必ず守る。このワークショップで知り得た「好き」な点を伝える。

2-16 ●シェアリング（5分）

「みじめだった体験・誇らしい体験」と「私は，あなたが好きです。なぜならば……。」を体験してみて「感じたこと・気づいたこと」を分かちあう。

●全体シェアリング3

●ワインカウンセリング

《第3日目》

●リチュアル

●全体シェアリング4

3-1 ●トリップ・トゥ・ヘブン

ねらい：仲間でケアしあう。そのプロセスで浮遊感を味わう。
方　法：八人を中心にグループを作る。一人のメンバーが仰向けになって，床に横

たわる。その一人の頭・上半身・下半身を，七人で支える部位を分担して，全員で「優しみ」（ケア精神）感情を出し，ゆっくりゆっくり床から持ちあげ，肩の位置以上に高くし，全員の腕がまっすぐ伸びるまで，高く上げる。10秒後ゆっくりと下げ，床まで下ろし，床に横たわらせたら，両手を引いて立たせる。グルーピングの際に，体格の大きい人・小さい人や男性が均等になるように分散する。ペンネームや眼鏡をはずす。BGMを入れる。

留意点：・ノンバーバルで行う。パスしたい人は申し出る。
・足の部分より，頭部をやや高くして持ちあげると不安感は少なくなる。上げてもらう人は脱力して，体をゆだねきってしまう。

3-2　●シェアリング（15分）

「トリップ・トゥ・ヘブン」のEXを体験してみて，「感じたこと・気づいたこと」をシェアリングする。脱力して，わが身をゆだねることができたか。浮遊感を感じたか。

3-3　●別れの花束

ねらい：仲間同士へまず，「トリップ・トゥ・ヘブン」のときのメンバーに対してメッセージを贈っていく。好意的な別れの花束をメッセージにかえて贈る。

方　法：①シャツ（ブラウス）のえりもとに洗濯バサミで白い画用紙を挟む。自己のペンネームを上端に書き込んでおく。②相手の背中の画用紙に一人ずつフィードバック・メッセージを記入する。③メッセージを読む。④詩「パールズを超えて」の朗読。

留意点：フィードバック・メッセージには，三日間の活動中にその人の印象に残った肯定的な点を，具体的に記述する。ふれあった仲間からのメッセージの花束は生きる力の源泉になる。

あとがき

　昨今における構成的グループエンカウンター（SGE）は，もっぱら学校教育に役立つものとして扱われてきた。初等教育から高等教育にいたる機関で，普及・定着した。

　本研究の第一の目的は，学校教育に限定されたSGEではなく，SGEそのものの本質を明らかにすることであった。換言すれば，学校教育（児童生徒）用のSGEというよりは，ジェネリックSGE（人間成長といった自己陶冶をめざした集中的グループ体験）の基礎原理を明らかにしたいという願望を，私は強くもっていた。このことは，SGEの体験過程（グループ過程・個人過程）を意味している。

　本研究の第二の目的は，SGEの効果について，先行研究のそれとは異なった方法で明らかにすることであった。すなわちプログラムを変えた場合，効果においてどのような違いが表れるのか，ここに私の関心があった。

　私はここで難問に遭遇した。その難問は，プログラミングのフレームを定める理論的・思想的（哲学的）根拠を何にするのか，というものであった。この模索のときに，國分久子M.A.から，ムスターカスC.のリレーションシップ論はどうか，と助言を得た。数ヶ月間の模索が明るい展望に変わった。

　博士課程の2年目に，3種類のプログラムを構成しながら，2泊3日のSGE体験コースを4回リードした。この1年間は私の知力・体力を尽くした1年間であった。

　本コースの参加者をはじめとして，私を支えてくださった諸先生・学友・スタッフの方々に対して，感謝の念は尽きない。

　「風立ちぬ，いざ生きめやも」

　　2006年　初冬

　　　　　　　　　　　　　　　　　　　　　　　　　　片野　智治

◆著者紹介◆

片野智治（かたのちはる）

1943年生まれ。1991年筑波大学大学院教育研究科（カウンセリング専攻）修了。その後、東京成徳大学大学院博士課程修了。博士（心理学）。
武南高等学校教育相談主事・ガイダンスセンター長を務め、東京理科大学、埼玉県立大学の兼任講師を経て、現在は跡見学園女子大学教授。NPO日本教育カウンセラー協会理事（SGE担当）、日本教育カウンセリング学会事務局長。1970年代末に構成的グループエンカウンターを体験し、その実践を続けている。また、シェアリング方式のサポートグループやスーパービジョンも開発・実践している。
著書に『構成的グループ・エンカウンターの原理と進め方』（共著）誠信書房、『構成的グループ・エンカウンター』駿河台出版、『構成的グループエンカウンター事典』（共編著）図書文化。『構成的グループ・エンカウンターと教育分析』（共著）誠信書房。

構成的グループエンカウンター研究
SGEが個人の成長におよぼす影響

2007年2月1日　初版第1刷発行［検印省略］

著　者　片野智治©
発行者　工藤展平
発行所　株式会社　図書文化社
　　　　〒112-0012　東京都文京区大塚3-2-1
　　　　Tel.03-3943-2511　Fax.03-3943-2519
　　　　振替　東京00160-7-67697
　　　　http://www.toshobunka.co.jp/
印刷所　株式会社　高千穂印刷所
製本所　株式会社　駒崎製本所

ISBN978-4-8100-7485-7　C3011
乱丁・落丁本の場合はお取り替えいたします。
定価はカバーに表示してあります。

構成的グループエンカウンターの本

必読の基本図書

構成的グループエンカウンター事典
國分康孝・國分久子総編集　A5判　本体：6,000円＋税
学校を中心に30年に及ぶ実践の全ノウハウを集大成

自分と向き合う！究極のエンカウンター
國分康孝康孝リーダーによる2泊3日の合宿体験
國分康孝・國分久子編著　B6判　本体：1,800円＋税

エンカウンターとは何か　教師が学校で生かすために
國分康孝ほか共著　B6判　本体：1,600円＋税

エンカウンター スキルアップ　ホンネで語る「リーダーブック」
國分康孝ほか編　B6判　本体：1,800円＋税

エンカウンターで学校を創る
國分康孝監修　B5判　本体：各2,600円＋税

目的に応じたエンカウンターの活用

エンカウンターで総合が変わる　小学校編・中学校編
國分康孝監修　B5判　本体：各2,500円＋税

エンカウンターで進路指導が変わる
片野智治編集代表　B5判　本体：2,700円＋税

エンカウンターで学級づくりスタートダッシュ　小学校編・中学校編
諸富祥彦ほか編著　B5判　本体：各2,300円＋税

エンカウンター　こんなときこうする！　小学校編・中学校編
諸富祥彦ほか編著　B5判　本体：各2,000円＋税　ヒントいっぱいの実践記録集

多彩なエクササイズ集

エンカウンターで学級が変わる　小学校編　Part1～3
國分康孝監修　全3冊　B5判　本体：各2,500円＋税　ただしPart1のみ本体：2,233円＋税

エンカウンターで学級が変わる　中学校編　Part1～3
國分康孝監修　全3冊　B5判　本体：各2,500円＋税　ただしPart1のみ本体：2,233円＋税

エンカウンターで学級が変わる　高等学校編
國分康孝監修　B5判　本体：2,800円＋税

エンカウンターで学級が変わる　ショートエクササイズ集　Part1～2
國分康孝監修　B5判　本体：①2,500円＋税　②2,300円＋税

目で見るエンカウンター

3分で見るエクササイズ　エンカウンター CD-ROM　本体：3,200円＋税
國分康孝監修・正保春彦編集　出演：正保春彦・片野智治・明海大学正保ゼミのみなさん

図書文化

※定価には別途消費税がかかります